2
VAMOS APRENDER

HISTÓRIA

ANOS INICIAIS DO ENSINO FUNDAMENTAL
COMPONENTE CURRICULAR:
HISTÓRIA • 2º ANO

Caroline Minorelli
Bacharela e licenciada em História pela Universidade Estadual de Londrina (UEL-PR).
Especialista em História e Teorias da Arte: Modernidade e Pós-Modernidade pela UEL-PR.
Atuou como professora da rede pública no Ensino Fundamental e no Ensino Médio no estado do Paraná.
Autora de livros didáticos para o Ensino Fundamental.

Charles Chiba
Bacharel e licenciado em História pela UEL-PR.
Especialista em História Social e Ensino de História pela UEL-PR.
Professor de História da rede particular de ensino.
Autor de livros didáticos para o Ensino Fundamental.

São Paulo, 1ª edição, 2017

***Vamos aprender* História 2**
© Edições SM Ltda.
Todos os direitos reservados

Direção editorial	M. Esther Nejm
Gerência editorial	Cláudia Carvalho Neves
Gerência de *design* e produção	André Monteiro
Coordenação de *design*	Gilciane Munhoz
Coordenação de arte	Melissa Steiner Rocha Antunes, Ulisses Pires
Coordenação de iconografia	Josiane Laurentino
Coordenação de preparação e revisão	Cláudia Rodrigues do Espírito Santo
Suporte editorial	Alzira Bertholim Meana
Produção editorial	Scriba Soluções Editoriais
Supervisão de produção	Priscilla Cornelsen Rosa
Edição	Alexandre de Paula Gomes
Edição de imagem	Bruno Benaduce Amancio
Preparação de texto	Shirley Gomes
Revisão	Salvine Maciel, Mariana Góis
Edição de arte	Mary Vioto, Barbara Sarzi, Janaina Oliveira
Pesquisa iconográfica	André Silva Rodrigues, Soraya Pires Momi
Tratamento de imagem	José Vitor E. Costa
Capa	João Brito, Carla Almeida Freire
Imagem de capa	Fernando Volken Togni
Projeto gráfico	Marcela Pialarissi, Rogério C. Rocha
Editoração eletrônica	Renan Fonseca
Fabricação	Alexander Maeda
Impressão	Stilgraf

Em respeito ao meio ambiente, as folhas deste livro foram produzidas com fibras obtidas de árvores de florestas plantadas, com origem certificada.

Dados Internacionais de Catalogação na Publicação (CIP)
(Câmara Brasileira do Livro, SP, Brasil)

Minorelli, Caroline Torres
Vamos aprender história, 2º ano : ensino
fundamental, anos iniciais / Caroline Torres
Minorelli, Charles Hokiti Fukushigue Chiba. –
1. ed. – São Paulo : Edições SM, 2017.

Suplementado pelo manual do professor.
Bibliografia.

ISBN 978-85-418-1972-5 (aluno)
ISBN 978-85-418-1973-2 (professor)

1. História (Ensino fundamental) I. Chiba,
Charles Hokiti Fukushigue. II. Título.

17-11072   CDD-372.89

Índices para catálogo sistemático:
1. História : Ensino fundamental 372.89

1ª edição, 2017
2ª impressão 2019

Edições SM Ltda.
Rua Tenente Lycurgo Lopes da Cruz, 55
Água Branca 05036-120 São Paulo SP Brasil
Tel. 11 2111-7400
edicoessm@grupo-sm.com
www.edicoessm.com.br

APRESENTAÇÃO

CARO ALUNO, CARA ALUNA,

TUDO O QUE EXISTE AO NOSSO REDOR TEM HISTÓRIA: OS OBJETOS, AS CONSTRUÇÕES, AS MÁQUINAS, OS COSTUMES, OS HÁBITOS COTIDIANOS, O TRABALHO E, TAMBÉM, A VIDA DAS PESSOAS.

PARA AJUDAR A COMPREENDER COMO NOS TORNAMOS O QUE SOMOS E POR QUE AS COISAS SÃO COMO SÃO, EXISTE A DISCIPLINA DE HISTÓRIA. POR MEIO DELA, PODEMOS RECORRER AO PASSADO PARA SABER DE QUE MANEIRAS AS PESSOAS AGIAM, COMO REALIZAVAM SEUS TRABALHOS, E MUITO MAIS.

PORTANTO, ESTE LIVRO FOI FEITO PARA AJUDAR VOCÊ A ESTUDAR HISTÓRIA. NELE, HÁ DIFERENTES TIPOS DE TEXTOS, IMAGENS, ATIVIDADES E OUTROS RECURSOS INTERESSANTES PARA INVESTIGAR E DESCOBRIR MUITAS INFORMAÇÕES SOBRE O PASSADO. AO ESTUDAR COM ESTE LIVRO, VOCÊ TAMBÉM VAI PERCEBER QUE A NOSSA VIDA, NO TEMPO PRESENTE, É FRUTO DAS AÇÕES DE PESSOAS QUE VIVERAM NO PASSADO.

BOM ANO E BONS ESTUDOS!

SUMÁRIO

UNIDADE 1 — EU E O OUTRO 6

- **EU SOU CRIANÇA** 8
  - EU SOU ASSIM 10
    - PRATIQUE E APRENDA 11
    - POR DENTRO DO TEMA
      - O SINAL PESSOAL 13
    - DIVIRTA-SE E APRENDA
      - O ALFABETO MANUAL 14
- **EU TENHO UM NOME** 16
  - INVESTIGUE E APRENDA
    - SEU NOME TEM HISTÓRIA 17
  - PRATIQUE E APRENDA 18
  - OS SOBRENOMES 19
  - A ORIGEM DOS SOBRENOMES 20
    - PARA FAZER JUNTOS! 22
    - PRATIQUE E APRENDA 22
- **MEUS GOSTOS E MINHAS PREFERÊNCIAS** 24
  - PRATIQUE E APRENDA 26
  - APRENDA MAIS! 27
  - PARA FAZER JUNTOS! 27
- **CADA UM TEM UM JEITO DE SER** 28
  - PRATIQUE E APRENDA 29
  - APRENDA MAIS! 31

UNIDADE 2 — NÓS E O TEMPO 32

- **O TEMPO EM NOSSA VIDA** 34
  - PRATIQUE E APRENDA 35
- **A MEDIDA DO TEMPO** 36
  - SEGUNDOS, MINUTOS E HORAS 36
    - PRATIQUE E APRENDA 37
  - O DIA 38
    - PRATIQUE E APRENDA 40
  - O CALENDÁRIO 42
    - PRATIQUE E APRENDA 43
    - POR DENTRO DO TEMA
      - O CALENDÁRIO CHINÊS 45
    - PRATIQUE E APRENDA 46
    - APRENDA MAIS! 47
    - FAZENDO HISTÓRIA
      - LÚCIA TIEMI FUKUSHIGUE 48
    - INVESTIGUE E APRENDA
      - MINHA LINHA DO TEMPO 50
- **OS NOMES DOS MESES** 52
  - DIVIRTA-SE E APRENDA
    - CONSTRUINDO UMA AGENDA 54
  - PRATIQUE E APRENDA 55

UNIDADE 3 — O AMBIENTE EM QUE VIVEMOS 58

O QUE EU OBSERVO AO MEU REDOR 60
- PRATIQUE E APRENDA 64

PERCEBENDO O AMBIENTE DE DIFERENTES MANEIRAS 66
- POR DENTRO DO TEMA
  - PRA CEGO VER 67
- PRATIQUE E APRENDA 69
- IDENTIFICANDO PAISAGENS 70
- PRATIQUE E APRENDA 71
- CUIDANDO DO AMBIENTE 72
- PRATIQUE E APRENDA 75

REPRESENTANDO A PAISAGEM AO REDOR 76
- APRENDA MAIS! 78
- PRATIQUE E APRENDA 79

AS PAISAGENS SE TRANSFORMAM 80
- PARA FAZER JUNTOS! 81
- PAISAGEM E HISTÓRIA 82
- PRATIQUE E APRENDA 84
- DIVIRTA-SE E APRENDA
  - PRESERVAR O AMBIENTE 86
- APRENDA MAIS! 87

UNIDADE 4 — SOCIEDADE E NATUREZA 88

A SOCIEDADE EM QUE VIVEMOS 90
- OS POVOS RIBEIRINHOS E SUA RELAÇÃO COM A NATUREZA 92
- PRATIQUE E APRENDA 95
- COMUNIDADES QUILOMBOLAS 96
- APRENDA MAIS! 98
- PRATIQUE E APRENDA 98
- PARA FAZER JUNTOS! 99
- POR DENTRO DO TEMA
  - O POVO MUNDURUKU 100
- PRATIQUE E APRENDA 102
- APRENDA MAIS! 103

OS CICLOS DA NATUREZA 104
- PRATIQUE E APRENDA 106
- FAZENDO HISTÓRIA
  - ANTONIO LUCIO VIVALDI 108
- DIVIRTA-SE E APRENDA
  - QUAL É A ESTAÇÃO? 109
- APRENDA MAIS! 110

BIBLIOGRAFIA 112

CONHEÇA OS ÍCONES

 RESPONDA À ATIVIDADE ORALMENTE.

 ESCREVA A RESPOSTA NO CADERNO.

UNIDADE 1 EU E O OUTRO

CRIANÇAS SE DIVERTINDO NO PÁTIO DA ESCOLA.

PONTO DE PARTIDA

1. QUEM SÃO AS PESSOAS RETRATADAS NA IMAGEM?

2. O QUE ELAS ESTÃO FAZENDO?

3. COMO VOCÊ COSTUMA SE DIVERTIR COM SEUS AMIGOS?

EU SOU CRIANÇA

VOCÊ ACHA QUE TODAS AS CRIANÇAS SÃO IGUAIS? VEJA A OPINIÃO DE ALGUMAS DELAS SOBRE ESSE ASSUNTO.

"NÃO, PORQUE MEUS AMIGOS TÊM UM JEITO DE SER DIFERENTE DO MEU."

"NÃO, PORQUE QUANDO EU ME OLHO NO ESPELHO ME VEJO DIFERENTE DOS OUTROS."

"NÃO, PORQUE EXISTEM DIFERENÇAS ENTRE MENINOS E MENINAS."

Ilustrações: Gustavo Machado

CADA UMA DESSAS CRIANÇAS APRESENTOU UMA OPINIÃO SOBRE A PERGUNTA DA PÁGINA ANTERIOR. ISSO ACONTECE PORQUE EXISTEM DIVERSAS MANEIRAS DE RESPONDER À QUESTÃO "TODAS AS CRIANÇAS SÃO IGUAIS?".

1. VOCÊ CONCORDA COM AS OPINIÕES DESSAS CRIANÇAS? COM QUAIS? EXPLIQUE.

2. ALÉM DAS SEMELHANÇAS E DIFERENÇAS APONTADAS PELAS CRIANÇAS NAS PÁGINAS 8 E 9, VOCÊ SE LEMBRA DE OUTRAS? QUAIS?

EU SOU ASSIM

EXISTEM DIVERSOS FATORES QUE TORNAM AS PESSOAS SEMELHANTES OU DIFERENTES UMAS DAS OUTRAS. OBSERVE.

Ilustrações: Gustavo Machado

MARIANA TEM CABELOS PRETOS, PELE MORENA E OLHOS CASTANHOS.

ELA É UMA DAS MENINAS MAIS ALTAS DA ESCOLA ONDE ESTUDA.

PEDRO TEM CABELOS RUIVOS, OLHOS CASTANHOS E PELE CLARA COM SARDAS.

COMO ELE É BAIXO EM ALTURA, FICA SENTADO NA PRIMEIRA FILEIRA DE CARTEIRAS NA SALA DE AULA.

3. QUAIS AS PRINCIPAIS DIFERENÇAS QUE PODEMOS OBSERVAR ENTRE MARIANA E PEDRO? E QUAIS AS SEMELHANÇAS?

UM DOS ASPECTOS QUE GERALMENTE PERCEBEMOS NAS PESSOAS SÃO AS **CARACTERÍSTICAS FÍSICAS**, POIS SÃO AS MAIS VISÍVEIS.

ESSAS CARACTERÍSTICAS FAZEM COM QUE CADA PESSOA POSSA SER IDENTIFICADA POR SI E PELOS OUTROS, FORMANDO UMA PARTE DE SUA IDENTIDADE PESSOAL.

PRATIQUE E APRENDA

1. UTILIZE UMA FOTO SUA OU OBSERVE-SE EM UM ESPELHO. DEPOIS, FAÇA UM DESENHO DE SEU ROSTO NO ESPAÇO A SEGUIR COM SEUS TRAÇOS FÍSICOS MAIS MARCANTES. MOSTRE SEU DESENHO AO PROFESSOR E AOS COLEGAS DE SALA.

CRIANÇA OBSERVANDO-SE EM ESPELHO.

2. OBSERVE O GRUPO DE AMIGOS NA ILUSTRAÇÃO ABAIXO E RESPONDA ÀS QUESTÕES.

A. COM BASE NAS CARACTERÍSTICAS DE CADA CRIANÇA REPRESENTADA NA ILUSTRAÇÃO, PREENCHA A TABELA A SEGUIR. VEJA UM EXEMPLO.

1	CAMILA TEM SARDAS NO ROSTO.
	VINÍCIUS É O MAIS BAIXO DOS AMIGOS.
	JÚLIA TEM OLHOS CASTANHOS.
	ANDRÉ É O MAIS ALTO.

B. PREENCHA A TABELA A SEGUIR COM AS CARACTERÍSTICAS FÍSICAS DE CADA CRIANÇA.

	COR DOS CABELOS	COR DA PELE	ESTATURA ALTA, MÉDIA OU BAIXA
ANDRÉ		NEGRA.	
CAMILA			MÉDIA.
JÚLIA	CASTANHOS.		
VINÍCIUS			

O SINAL PESSOAL

AS CARACTERÍSTICAS FÍSICAS SÃO ELEMENTOS MUITO IMPORTANTES PARA A IDENTIFICAÇÃO DE UMA PESSOA. ENTRE OS SURDOS, ISTO É, AQUELES QUE TÊM DEFICIÊNCIA AUDITIVA, AS CARACTERÍSTICAS FÍSICAS TAMBÉM SÃO MUITO IMPORTANTES. OS SURDOS UTILIZAM DIVERSOS SINAIS E GESTOS PARA SE COMUNICAREM ENTRE SI. NO BRASIL, O CONJUNTO DE GESTOS E SINAIS UTILIZADOS PELA COMUNIDADE SURDA É CHAMADO DE **LIBRAS – LÍNGUA BRASILEIRA DE SINAIS**.

ENTRE AQUELES QUE USAM A LÍNGUA DE SINAIS, É BASTANTE COMUM QUE CADA UM TENHA SEU **SINAL PESSOAL**. ELE É UMA IDENTIDADE VISUAL, UM TIPO DE NOME QUE É ESCOLHIDO DE ACORDO COM SUA PERSONALIDADE OU SUAS CARACTERÍSTICAS FÍSICAS.

Gustavo Machado

VEJA COMO CÍCERO É IDENTIFICADO ENTRE SEUS COLEGAS. NA ILUSTRAÇÃO AO LADO ELE DEMONSTRA COMO É SEU SINAL PESSOAL.

O SINAL PESSOAL DE CÍCERO CARACTERIZA-SE PELO GESTO QUE REPRESENTA A LETRA **C**, A LETRA INICIAL DE SEU NOME, AO LADO DE SEU OLHO. ISSO PORQUE CÍCERO TEM OS OLHOS PUXADOS.

- E VOCÊ? QUE CARACTERÍSTICA FÍSICA USARIA PARA CRIAR SEU SINAL PESSOAL?

DIVIRTA-SE E APRENDA

O ALFABETO MANUAL

PARA FAZER O SEU SINAL PESSOAL, CÍCERO UTILIZOU A LETRA **C** DO ALFABETO MANUAL. ESSE ALFABETO FAZ PARTE DA LÍNGUA DE SINAIS E É USADO PRINCIPALMENTE PARA SE REFERIR A NOMES PRÓPRIOS, LUGARES OU OUTROS ELEMENTOS QUE NÃO SÃO CONHECIDOS NA LÍNGUA DE SINAIS. O ALFABETO MANUAL É FUNDAMENTAL PARA QUEM ESTÁ COMEÇANDO A APRENDER A LÍNGUA DE SINAIS. VEJA.

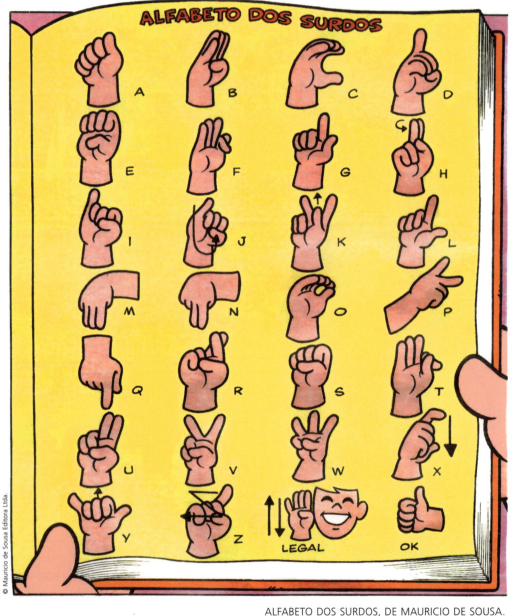

ALFABETO DOS SURDOS, DE MAURICIO DE SOUSA.
MÔNICA, SÃO PAULO, GLOBO, N. 239, P. 38, MAIO 2006.

1. EM DUPLA, OBSERVEM O ALFABETO MANUAL E IDENTIFIQUEM CADA UM DOS NOMES QUE ESTÃO REPRESENTADOS A SEGUIR.

A _____

B _____

C _____

2. AGORA, TENTE FAZER O NOME DE UM DE SEUS COLEGAS USANDO APENAS O ALFABETO MANUAL.

3. O QUE VOCÊ MAIS GOSTOU DE FAZER NESSA ATIVIDADE? QUAIS FORAM AS DIFICULDADES QUE VOCÊ TEVE?

_____
_____
_____

EU TENHO UM NOME!

POR MEIO DO NOME, AS PESSOAS SÃO IDENTIFICADAS EM SUA FAMÍLIA E NA COMUNIDADE EM QUE VIVEM. NO TEXTO A SEGUIR, A AUTORA MAÍSA ZAKZUK EXPLICA A ORIGEM DE SEU NOME.

[...]

A MINHA MÃE, PROFESSORA DE MÚSICA, ESCOLHEU O MEU NOME POR CAUSA DE UMA CANTORA DE QUEM ELA GOSTAVA MUITO. ALÉM DISSO, ELA ACHAVA O NOME MAÍSA BONITO. MINHA MÃE SE CHAMA MERCIA PORQUE A MINHA AVÓ LEU ESSE NOME EM UM LIVRO DE QUE GOSTOU. [...]

A ÁRVORE DA FAMÍLIA, DE MAÍSA ZAKZUK. SÃO PAULO: PANDA BOOKS, 2007. P. 16.

TODAS AS CRIANÇAS TÊM O DIREITO DE RECEBER UM NOME AO NASCER. GERALMENTE, ELE É DEFINIDO PELOS PAIS OU RESPONSÁVEIS. OS NOMES PODEM SER ESCOLHIDOS POR DIFERENTES MOTIVOS.

INVESTIGUE E APRENDA

SEU NOME TEM HISTÓRIA

FAÇA UMA ENTREVISTA COM SEUS FAMILIARES OU RESPONSÁVEIS PARA INVESTIGAR A ORIGEM DE SEU NOME. EM SEU CADERNO, ANOTE OS DADOS DO ENTREVISTADO E AS RESPOSTAS DA ENTREVISTA SEGUINDO O ROTEIRO A SEGUIR.

- NOME DO ENTREVISTADO.
- IDADE.
- GRAU DE PARENTESCO.
- DATA DA ENTREVISTA.

A. QUEM ESCOLHEU O MEU NOME?

B. ALÉM DESSE NOME QUE FOI ESCOLHIDO, HAVIA OUTRAS OPÇÕES? QUAIS?

C. VOCÊ SABE QUAL O SIGNIFICADO DO MEU NOME?

D. ALGUMA OUTRA PESSOA DA NOSSA FAMÍLIA TEM ESSE NOME?

E. POR QUE TENHO ESSE NOME?

PARA FINALIZAR, APRESENTE OS RESULTADOS DE SUA PESQUISA AOS COLEGAS.

PRATIQUE E APRENDA

1. O TEXTO A SEGUIR CONTA A HISTÓRIA DO NOME DE JOÃO, UM MENINO DESCENDENTE DE ESPANHÓIS. LEIA-O.

> [...]
>
> AÍ MEU PAI CONTOU QUE SEU PAI TINHA CABELOS NEGROS BEM ESCUROS E OLHOS VERDES, E QUE EU PUXARA JUSTAMENTE PARA ELE. ALIÁS, O MEU NOME, JOÃO, FORA UMA ESCOLHA DO MEU PAI EM HOMENAGEM A ELE, QUE SE CHAMAVA JUAN. MEU CORAÇÃO DISPAROU COM ESSA REVELAÇÃO. FIQUEI QUIETO, SORRINDO, POR DENTRO E POR FORA.
>
> [...]
>
> *MEU AVÔ ESPANHOL*, DE JOÃO ANZANELLO CARRASCOZA. SÃO PAULO: PANDA BOOKS, 2009. P. 18-19 (IMIGRANTES DO BRASIL).

A. QUEM ESCOLHEU O NOME DE JOÃO?

_____

B. POR QUE JOÃO RECEBEU ESSE NOME?

_____

C. QUAL FOI A REAÇÃO DE JOÃO AO CONHECER A ORIGEM DE SEU NOME?

_____

_____

D. VOCÊ CONHECE ALGUÉM CUJO NOME FOI ESCOLHIDO PARA HOMENAGEAR OUTRA PESSOA? CONTE PARA OS COLEGAS.

OS SOBRENOMES

ALÉM DO NOME, AS PESSOAS POSSUEM **SOBRENOMES**, QUE IDENTIFICAM A QUE FAMÍLIA PERTENCEM. CONHECER O SOBRENOME DE ALGUÉM TORNA SUA IDENTIFICAÇÃO MAIS FÁCIL. OBSERVE A ILUSTRAÇÃO.

1. VOCÊ CONHECE ALGUÉM QUE TEM O MESMO NOME QUE O SEU?

     SIM.    NÃO.

2. COMO DUAS PESSOAS QUE TÊM O MESMO NOME PODEM SER IDENTIFICADAS?

3. ALÉM DAS PESSOAS DE SUA FAMÍLIA, VOCÊ CONHECE MAIS ALGUÉM QUE TEM O MESMO SOBRENOME QUE O SEU?

4. QUAL É A SITUAÇÃO REPRESENTADA NA ILUSTRAÇÃO? COMENTE.

5. NESSA SITUAÇÃO, QUAL A IMPORTÂNCIA DO SOBRENOME?

A ORIGEM DOS SOBRENOMES

GERALMENTE, O SOBRENOME DE UMA PESSOA É HERDADO DE SEUS ANTEPASSADOS. VEJA O QUE CADA CRIANÇA DIZ SOBRE O SEU SOBRENOME.

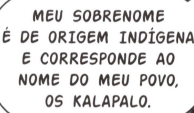

MEU SOBRENOME É LOPEZ. ELE VEIO DA MINHA FAMÍLIA, QUE É DE ORIGEM ESPANHOLA.

MEU SOBRENOME É DE ORIGEM INDÍGENA E CORRESPONDE AO NOME DO MEU POVO, OS KALAPALO.

OS PRIMEIROS SOBRENOMES SURGIRAM HÁ MUITO TEMPO, PROVAVELMENTE POR CAUSA DA NECESSIDADE DE IDENTIFICAR AS PESSOAS QUE POSSUÍAM O MESMO NOME.

OBSERVE COMO SURGIRAM ALGUNS SOBRENOMES NO PASSADO:

- ASSOCIAÇÃO AO LOCAL DE NASCIMENTO OU DE MORADIA DE UMA PESSOA, COMO COIMBRA, CIDADE DE PORTUGAL.
- ATIVIDADE EXERCIDA OU PROFISSÃO, COMO FERREIRA, QUE CORRESPONDE A UMA FAMÍLIA DE FERREIROS.
- REFERÊNCIA A ANIMAIS DEVIDO A SEMELHANÇA FÍSICA OU TEMPERAMENTO, COMO CARNEIRO, LOBO E LEÃO.

QUE CURIOSO!

SOBRENOMES MAIS COMUNS

ENTRE OS SOBRENOMES MAIS COMUNS DAS FAMÍLIAS BRASILEIRAS ESTÃO SILVA, SANTOS E OLIVEIRA.

ESSES SOBRENOMES SÃO DE ORIGEM PORTUGUESA E PODEM SER ENCONTRADOS EM TODAS AS REGIÕES DO BRASIL.

- VOCÊ TEM ALGUM DESSES SOBRENOMES OU CONHECE ALGUÉM QUE TENHA?

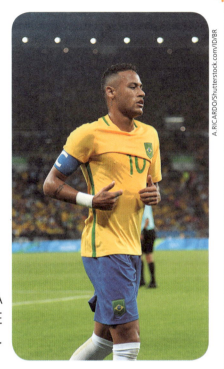

FOTO QUE RETRATA NEYMAR DA SILVA SANTOS JÚNIOR, JOGADOR BRASILEIRO DE FUTEBOL, EM 2016.

OS APELIDOS

NEM SEMPRE AS PESSOAS SÃO CONHECIDAS APENAS POR SEUS NOMES. MUITAS VEZES ELAS TÊM APELIDOS.

OS APELIDOS PODEM SER UMA ABREVIAÇÃO DO NOME OU SOBRENOME, PODEM APONTAR UMA CARACTERÍSTICA DA PESSOA OU INDICAR SEU LOCAL DE ORIGEM, POR EXEMPLO, BIA, CHIQUINHA, MINEIRO, ENTRE OUTROS. NA MAIORIA DOS CASOS, OS APELIDOS SÃO CARINHOSOS, MAS TAMBÉM PODEM SER OFENSIVOS.

POR ISSO, DEVEMOS TOMAR CUIDADO PARA NÃO OFENDER AS PESSOAS CHAMANDO-AS POR APELIDOS DOS QUAIS ELAS NÃO GOSTAM. NESSES CASOS, É MELHOR RESPEITARMOS A PESSOA E CHAMÁ-LA PELO SEU PRÓPRIO NOME!

VOCÊ TEM OU JÁ TEVE ALGUM APELIDO? QUAL?

PARA FAZER JUNTOS!

VOCÊ JÁ RECEBEU ALGUM APELIDO QUE O INCOMODOU? O QUE VOCÊ PENSA SOBRE ISSO? COM SEUS COLEGAS DE SALA, PROMOVAM UMA CONVERSA SOBRE ESSA QUESTÃO. PROCUREM APONTAR ALGUMAS MEDIDAS QUE PODERIAM SER TOMADAS PARA SOLUCIONAR O PROBLEMA DE ALGUÉM RECEBER UM APELIDO DO QUAL NÃO GOSTA. DEPOIS, ESCREVAM UM TEXTO COLETIVO SOBRE O QUE FOI CONVERSADO.

PRATIQUE E APRENDA

1. IDENTIFIQUE O SIGNIFICADO DOS SOBRENOMES A SEGUIR E RELACIONE CADA UM DELES À IMAGEM CORRESPONDENTE.

A ANA LOBO

C ELIS MACHADO

B RUI COELHO

D JOÃO FERREIRA

Ilustrações: Gustavo Machado

2. NO BRASIL, EXISTE UMA GRANDE VARIEDADE DE SOBRENOMES ORIGINÁRIOS DE DIVERSOS PAÍSES. PARA CONHECER A ORIGEM DE ALGUNS DESSES SOBRENOMES, DESVENDE OS ENIGMAS A SEGUIR, UTILIZANDO AS LETRAS INICIAIS DE CADA SÍMBOLO.

A. A FAMÍLIA DE PIETRO É DE ORIGEM ITALIANA. SEU SOBRENOME É:

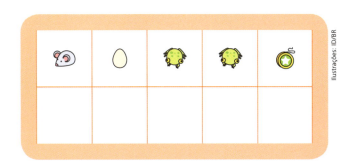

B. A FAMÍLIA DO PAI DE EDUARDO É DE ORIGEM LIBANESA. SEU SOBRENOME É:

C. OS AVÓS DE RAFAELA SÃO ALEMÃES. SEU SOBRENOME É:

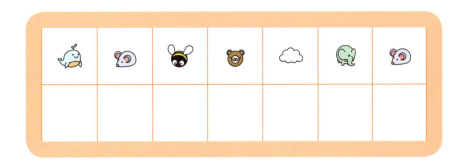

3. FAÇA UMA PESQUISA COM SEUS FAMILIARES PARA CONHECER A ORIGEM DE SEU SOBRENOME. SE NECESSÁRIO, FAÇA UMA BUSCA EM LIVROS E NA INTERNET TAMBÉM. ANOTE OS RESULTADOS NO CADERNO E DEPOIS APRESENTE PARA OS COLEGAS.

MEUS GOSTOS E MINHAS PREFERÊNCIAS

VEJA AS IMAGENS, LEIA AS LEGENDAS E CONHEÇA HONÓRIO, UM MENINO DE 7 ANOS DE IDADE. ELE NOS CONTA O QUE MAIS GOSTA DE FAZER EM SEU DIA A DIA.

"NA ESCOLA, MINHA MATÉRIA PREFERIDA É CIÊNCIAS."

"ADORO QUANDO MINHA MÃE FAZ BATATAS FRITAS. É A MINHA COMIDA PREFERIDA."

"QUANDO BRINCO COM MEUS AMIGOS, GOSTO DE JOGAR *VIDEOGAME*."

"BASQUETE É O ESPORTE DE QUE EU MAIS GOSTO. SEMPRE FAÇO VÁRIOS PONTOS!"

1. NO DIA A DIA, O QUE VOCÊ MAIS GOSTA DE FAZER NA ESCOLA, EM CASA E COM SEUS AMIGOS?

ASSIM COMO VOCÊ, HONÓRIO GOSTA DE FAZER VÁRIAS ATIVIDADES EM SEU DIA A DIA. TUDO AQUILO DE QUE GOSTAMOS OU QUE PREFERIMOS TAMBÉM NOS DEFINE, OU SEJA, NOS TORNA SEMELHANTES OU DIFERENTES DOS OUTROS.

2. VOCÊ PODE FAZER SOMENTE O QUE GOSTA O TEMPO TODO? POR QUÊ?

APESAR DE TERMOS NOSSOS GOSTOS E PREFERÊNCIAS, NEM SEMPRE PODEMOS FAZER SOMENTE AQUILO QUE NOS AGRADA. E PARA ISSO EXISTEM DIVERSAS RAZÕES. OBSERVE.

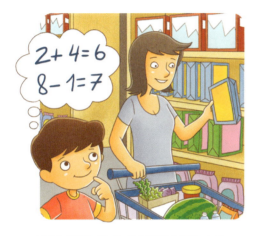

"EU ESTUDO BASTANTE AS OUTRAS MATÉRIAS, POIS ELAS TAMBÉM SÃO IMPORTANTES NO MEU DIA A DIA."

"COMER VÁRIOS TIPOS DE ALIMENTOS É IMPORTANTE PARA TERMOS UMA VIDA MAIS SAUDÁVEL."

"TAMBÉM É IMPORTANTE BRINCAR AO AR LIVRE, MOVIMENTAR-SE E TER CONTATO COM A NATUREZA."

"QUANDO PRATICO OUTROS ESPORTES, POSSO ESTAR MAIS PERTO DE MEUS AMIGOS."

Ilustrações: Edson Farias

3. O QUE HONÓRIO GOSTA DE FAZER EM SEU DIA A DIA?

4. POR QUE HONÓRIO NÃO PODE FAZER APENAS AQUILO QUE LHE AGRADA?

PRATIQUE E APRENDA

1. CONHECER E RESPEITAR AS OPINIÕES, GOSTOS E PREFERÊNCIAS DE OUTRAS PESSOAS É MUITO IMPORTANTE. ALÉM DISSO, O CONTATO COM AS IDEIAS DE OUTRAS PESSOAS PODE NOS TRAZER EXPERIÊNCIAS NOVAS E INTERESSANTES. OBSERVE.

A. SOBRE O QUE AS GAROTAS ESTÃO CONVERSANDO?

___

B. O QUE UMA GAROTA APRENDEU COM A OUTRA?

___

C. O QUE VOCÊ ACHA DE CONHECER ALGO DEPOIS DE OUVIR UMA DICA DE UM AMIGO SEU?

___
___

APRENDA MAIS!

NO *SITE PLENARINHO* VOCÊ PODERÁ ENCONTRAR DIVERSOS CONTEÚDOS INTERESSANTES SOBRE A SOCIEDADE EM QUE VIVEMOS. ENTRE ELES, A IMPORTÂNCIA DA VALORIZAÇÃO E DO RESPEITO ÀS DIFERENÇAS. ACESSE O ENDEREÇO A SEGUIR E CONFIRA:

<PLENARINHO.LEG.BR>.

ACESSO EM: 2 OUT. 2017.

PARA FAZER JUNTOS!

REÚNA-SE COM UM COLEGA DE SALA PARA CONHECER AS SEMELHANÇAS E DIFERENÇAS ENTRE VOCÊS.

1. PREENCHA A TABELA COM AS INFORMAÇÕES DE SEUS GOSTOS E PREFERÊNCIAS E OS DE SEU COLEGA.

	VOCÊ	SEU COLEGA
FILME FAVORITO		
MÚSICA FAVORITA		
LIVRO FAVORITO		

2. QUAIS SÃO AS SEMELHANÇAS ENTRE SEUS GOSTOS E PREFERÊNCIAS E OS DE SEU COLEGA? E AS DIFERENÇAS, QUAIS SÃO? COMENTE.

CADA UM TEM UM JEITO DE SER

CLÉVERSON E ANTÔNIO SÃO IRMÃOS E TÊM PERSONALIDADES DIFERENTES. CADA UM TEM SEU JEITO DE FAZER AS COISAS.

ELES ESTÃO SEMPRE JUNTOS E ADORAM CRIAR SEUS PRÓPRIOS BRINQUEDOS. SEUS BRINQUEDOS PREFERIDOS SÃO AS PIPAS QUE ELES MESMOS FAZEM.

ANTÔNIO FICA MUITO ANIMADO EM APRENDER AS COISAS NOVAS QUE SEU IRMÃO ENSINA. MAS ÀS VEZES ELE QUER TERMINAR MAIS RÁPIDO E NÃO TEM PACIÊNCIA PARA ACOMPANHAR TODAS AS ETAPAS.

CLÉVERSON É BEM CALMO E PREFERE FAZER AS COISAS COM MAIS CUIDADO. MUITAS VEZES OS DOIS IRMÃOS NÃO CONCORDAM, MAS NO FINAL ELES SE ENTENDEM, POIS, QUANDO O BRINQUEDO FICA PRONTO, ELES SE DIVERTEM MUITO!

1. QUAL É A SEMELHANÇA ENTRE O JEITO DE SER E DE AGIR DE CLÉVERSON E DE ANTÔNIO? E A DIFERENÇA?

2. VOCÊ SEMPRE PENSA OU AGE DA MESMA MANEIRA QUE OS OUTROS? O QUE VOCÊ FAZ OU COMO SE SENTE QUANDO ALGUÉM NÃO CONCORDA COM VOCÊ?

PRATIQUE E APRENDA

1. OBSERVE AS CARACTERÍSTICAS APRESENTADAS ABAIXO E REESCREVA AQUELAS QUE REPRESENTAM SEU JEITO DE SER.

CALMO   AGITADO   CUIDADOSO

ENGRAÇADO   TRANQUILO   TÍMIDO   PACIENTE

DISTRAÍDO   NERVOSO   IMPACIENTE

_____

_____

2. AGORA, FORME UMA DUPLA COM UM COLEGA E COMPAREM SUAS CARACTERÍSTICAS. DEPOIS, PREENCHA O QUADRO A SEGUIR.

O QUE TEMOS EM COMUM	EM QUE SOU DIFERENTE

3. LEIA O POEMA ABAIXO E RESPONDA ÀS QUESTÕES.

MUNDO COLORIDO

O MUNDO É GRANDE E COLORIDO

CHEIO DE PESSOAS DIFERENTES

E ISSO É MUITO DIVERTIDO

CADA UM É ÚNICO E ESPECIAL

VAMOS SER TODOS AMIGOS?

MAS QUE IDEIA LEGAL!

SE TODO MUNDO FOSSE IGUAL

NÃO EXISTIRIA DIVERSIDADE

A VIDA SERIA MUITO SEM SAL

A DIVERSIDADE É DIVERTIDA

CADA UM TEM O SEU JEITO

A VIDA FICA MAIS BONITA

QUANDO A GENTE TEM RESPEITO!

MUNDO COLORIDO, DE JULLIE ANNE KUNTZ TRUSS. *PALAVRINHAS*, 11 NOV. 2017. DISPONÍVEL EM: <HTTP://WWW.PALAVRINHAS.ORG/2017/11/MUNDO-COLORIDO.HTML>. ACESSO EM: 28 NOV. 2017.

A. DO QUE TRATA O POEMA?

_____

B. VOCÊ CONCORDA COM A AUTORA QUANDO ELA DIZ QUE "A DIVERSIDADE É DIVERTIDA"? POR QUÊ?

_____

_____

C. QUAL CARACTERÍSTICA SUA VOCÊ CONSIDERA ESPECIAL?

_____

_____

D. EM SUA OPINIÃO, POR QUE É IMPORTANTE RESPEITARMOS AS DIFERENÇAS ENTRE AS PESSOAS? CONVERSE COM OS COLEGAS.

APRENDA MAIS!

ESSE LIVRO CONTA A HISTÓRIA DE UMA MENINA QUE ACABOU DE SE MUDAR PARA UM PRÉDIO. POR SER DIFERENTE, LOGO AS OUTRAS CRIANÇAS SE RECUSAM A BRINCAR COM ELA. PORÉM, ALGUMAS COISAS ACONTECEM E AS CRIANÇAS PERCEBEM QUE, APESAR DAS DIFERENÇAS, TODOS PODEM SER AMIGOS E SE DIVERTIR JUNTOS.

DO JEITO QUE VOCÊ É, DE TELMA GUIMARÃES. SÃO PAULO: FORMATO EDITORIAL, 2009.

PONTO DE CHEGADA

1. ESCREVA UM PEQUENO TEXTO QUE CONTENHA OS SEGUINTES CONCEITOS:
   - CARACTERÍSTICAS FÍSICAS
   - GOSTOS E PREFERÊNCIAS

2. CITE UM MOTIVO POR QUE NÃO PODEMOS FAZER SEMPRE SOMENTE AQUILO QUE NOS AGRADA.

3. DE QUE MANEIRA DEVEMOS AGIR QUANDO UMA PESSOA TEM UMA OPINIÃO DIFERENTE DA NOSSA?

unidade 2
Nós e o tempo

O *Réveillon* marca o fim de um ano e o início de outro. A palavra *réveillon* é de origem francesa e significa "despertar". Foto de comemoração de *Réveillon*, na cidade do Rio de Janeiro, em 2016.

Ponto de partida

1. O que as pessoas retratadas na fotografia estão comemorando? Quantas vezes por ano essa comemoração acontece?

2. Em sua opinião, por que esse tipo de comemoração se repete?

O tempo em nossa vida

Leia o texto a seguir.

> Quando a gente se dá conta, já é noite. O fim de semana acabou. Já fiz dez anos. Já é dezembro. E parece que é de repente mesmo que um novo ano começa. De repente, não mais que de repente. Você também não tem, às vezes, uma sensação de que o tempo passa rápido? Tempo, tempo, tempo, tempo.
>
> [...]
>
> Pensar sobre o tempo faz parte da experiência humana. [...] Os humanos percebem a passagem do tempo, contam o tempo, organizam o tempo. Criam comemorações, inventam calendários, organizam álbuns de fotos.
>
> [...]

Tic tac, passa tempo, tic tac, passa hora..., de Keila Grinberg. *Ciência Hoje das Crianças*, Rio de Janeiro, Instituto Ciência Hoje, 27 jan. 2012. Disponível em: <http://chc.cienciahoje.uol.com.br/tic-tac-passa-tempo-tic-tac-passa-hora>. Acesso em: 18 set. 2017.

1. A autora do texto pergunta: "Você também não tem, às vezes, uma sensação de que o tempo passa rápido?". Cite alguma situação em que isso ocorreu com você.

2. Por que os seres humanos criam comemorações, inventam calendários e organizam álbuns de fotos?

É por meio da contagem e do registro da passagem do tempo que podemos organizar nosso dia a dia, lembrar o passado, perceber o que mudou e o que permaneceu em nossa vida ou em nossa sociedade e planejar o futuro.

Pratique e aprenda

1. Observe, a seguir, alguns exemplos de como o tempo influencia nossa vida. Depois, relacione cada imagem à sua legenda correspondente.

UMA VEZ POR ANO, NA DATA DO NOSSO ANIVERSÁRIO, COMPLETAMOS MAIS UM ANO DE VIDA.

NO DIA A DIA DA ESCOLA, TEMOS TEMPO PARA ESTUDAR, PARA COMER E PARA BRINCAR COM NOSSOS COLEGAS.

NOS FINS DE SEMANA, GERALMENTE, TEMOS MAIS TEMPO PARA AS ATIVIDADES DE LAZER.

A medida do tempo

O tempo influencia a vida das pessoas de diversas maneiras. Em nosso dia a dia, por exemplo, existem diferentes maneiras de medir o tempo e nos organizarmos.

Segundos, minutos e horas

Clara é corredora e está treinando para os jogos escolares. A cada treino, ela tenta percorrer uma determinada distância no menor tempo possível. Para Clara, cada segundo faz muita diferença!

Rubens adora a hora do recreio na escola. Ele tenta aproveitar ao máximo esse tempo para brincar com os colegas e tomar o lanche, pois o recreio dura somente 20 minutos.

Jéferson vai viajar com seus pais para o sítio de seus avós, que fica em outra cidade. Ele está muito empolgado. A viagem de carro até lá dura 3 horas.

Pratique e aprenda

1. Que atividades podem ser realizadas em um segundo, um minuto e uma hora? Escreva as respostas na tabela a seguir.

Medida de tempo	Atividade
1 SEGUNDO	
1 MINUTO	
1 HORA	

2. Qual é o instrumento mais apropriado para medir os segundos, os minutos e as horas? Marque um **X** no quadrinho ao lado da alternativa correta.

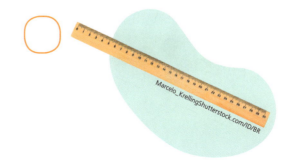

O dia

1. Quantas horas tem um dia?

2. Que atividades podemos realizar ao longo de um dia?

Uma das maneiras de percebermos o tempo é com a passagem dos dias. Geralmente, nossa rotina é dividida pelas atividades que realizamos todos os dias. Veja como é a rotina da família de Reginaldo.

De manhã, todos acordam cedo, por volta das 6 horas. Eles tomam banho, escovam os dentes, trocam de roupa e, depois, se reúnem para tomar o café da manhã.

Em seguida, Reginaldo vai para a escola. Teresa, sua mãe, vai para o trabalho, enquanto Válter, seu avô, cuida da casa.

Ao meio-dia, Teresa almoça com as amigas da loja onde trabalha. Enquanto isso, Reginaldo volta para casa após a aula e almoça com seu avô.

À tarde, Reginaldo faz o dever de casa e depois brinca com os amigos do prédio onde mora. As brincadeiras favoritas da turma são pega-pega, futebol e esconde-esconde.

À noite, a família de Reginaldo se reúne novamente quando sua mãe volta do trabalho. Eles jantam e conversam sobre os acontecimentos do dia. Depois, todos vão dormir. No dia seguinte, a rotina recomeça.

Pratique e aprenda

1. Marque um **X** na alternativa que mostra a atividade realizada por Teresa ao mesmo tempo que Reginaldo está na escola.

- ( ) ALMOÇAR.
- ( ) ASSISTIR À TELEVISÃO.
- ( ) ACORDAR.
- ( ) TRABALHAR.
- ( ) TOMAR CAFÉ DA MANHÃ.

2. Enumere na sequência correta as atividades que aconteceram no dia de Reginaldo.

( )

( )

( )

( )

Ilustrações: Imaginario Studio

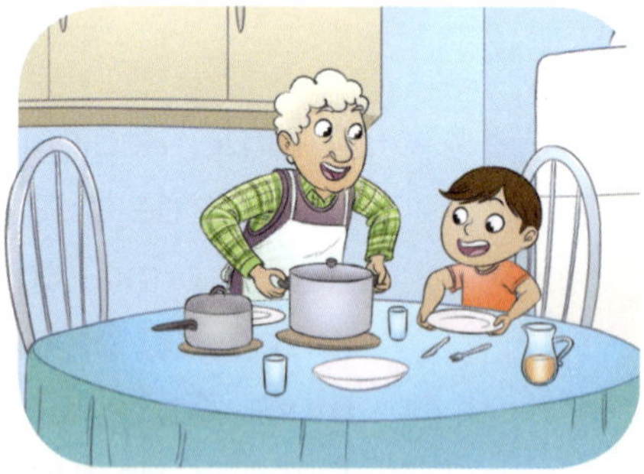

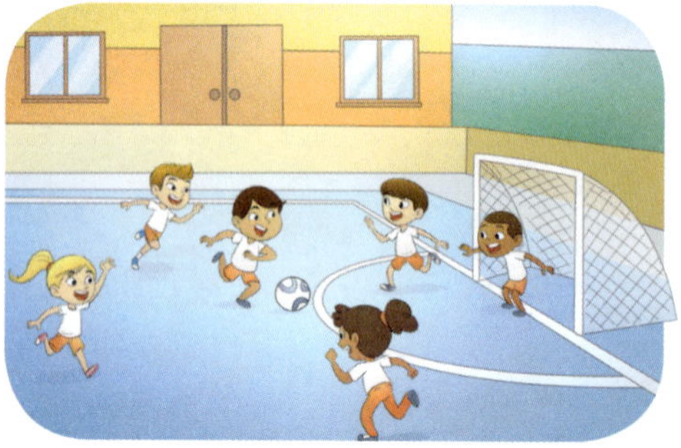

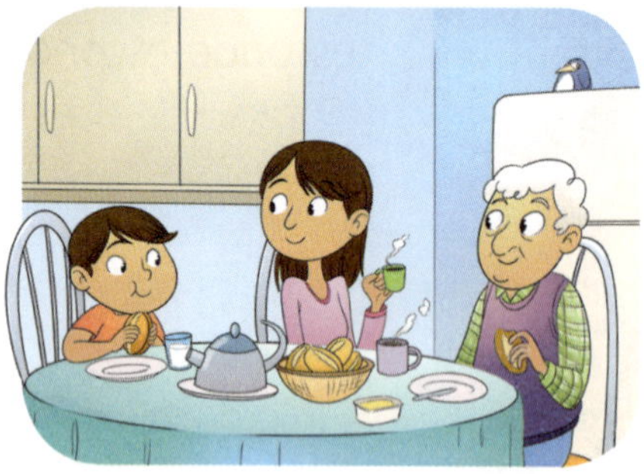

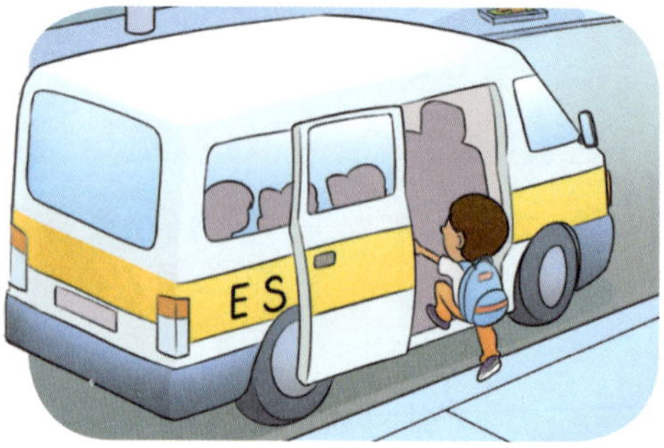

3. Como é sua rotina? Escreva uma atividade que você realiza em cada período do dia: manhã, tarde e noite.

____

____

____

Ontem, hoje e amanhã

Quando nos referimos à passagem dos dias, geralmente usamos os termos ontem, hoje e amanhã.

ONTEM EU FIZ DOIS GOLS NO TREINO DE FUTEBOL.

HOJE É DIA DE DAR BANHO NO MEU CACHORRO!

TENHO QUE ARRUMAR MINHA MOCHILA DA ESCOLA PARA AS AULAS DE AMANHÃ.

Ontem, hoje e amanhã representam, respectivamente, o passado, o presente e o futuro. Em nosso cotidiano, muitas vezes sem perceber, usamos esses conceitos, que são fundamentais para o estudo da História.

O calendário

💬 **1.** Que dia é hoje?

💬 **2.** Como você obteve essa informação?

Uma das maneiras mais comuns de se saber uma data é consultando um **calendário**. Observe alguns elementos que compõem um calendário.

Ano: um ano possui 365 dias, divididos em 12 meses.

Mês: cada mês possui 30 ou 31 dias. Apenas o mês de fevereiro possui 28 ou 29 dias.

Semana: é um período de sete dias. Os dias da semana são: domingo, segunda-feira, terça-feira, quarta-feira, quinta-feira, sexta-feira e sábado.

Feriado: os dias que são feriados, geralmente, estão destacados nos calendários.

Pratique e aprenda

1. O menino ao lado se chama Caio. Ele faz aniversário no dia 26 de dezembro. Consulte o calendário da página **42** e ajude-o a encontrar alguns dados importantes.

a. Em 2019, o aniversário de Caio acontece em que dia da semana?

- ○ DOMINGO.
- ○ SEGUNDA-FEIRA.
- ○ TERÇA-FEIRA.
- ○ QUARTA-FEIRA.
- ○ QUINTA-FEIRA.
- ○ SEXTA-FEIRA.
- ○ SÁBADO.

b. Quantos dias tem o mês em que Caio faz aniversário?

_____

c. No mês em que Caio faz aniversário, há algum feriado? Qual?

_____

d. Utilize as palavras a seguir para completar as frases.

SEMANA ▪ DIA ▪ ANO

- Caio faz aniversário uma vez por _____.
- Ele vai à escola 5 dias por _____.
- Caio estuda de manhã e acorda todo _____ às 6h30min.

Os primeiros calendários

Há muito tempo, os seres humanos já sentiam necessidade de organizar e contar o tempo.

Uma das primeiras maneiras de se fazer isso foi por meio da observação da natureza, ao perceberem que, de tempos em tempos, alguns ciclos se repetiam.

Ao observarem os ciclos do Sol e da Lua, por exemplo, os seres humanos criaram os primeiros calendários.

Ilustração representando um calendário maia.

Os povos maias, que habitavam a América Central, criaram um calendário com base no ciclo do Sol. Com esse calendário, eles podiam saber os melhores períodos para as atividades agrícolas, como o plantio e a colheita. Essa ilustração representa o calendário solar maia, criado por volta de 2 500 anos atrás.

O calendário chinês

Além dos calendários apresentados nas páginas **42** e **44**, existem outros tipos de calendários, entre eles o chinês. Esse calendário, implantado na China há mais de quatro mil anos, é organizado de acordo com os ciclos da Lua e do Sol.

Leia o texto a seguir.

> O calendário chinês combina o ciclo solar com os ciclos lunares, sendo, portanto, lunissolar. A cada 12 anos completa-se um ciclo, dentro do qual cada ano recebe o nome de um dos 12 animais correspondentes ao **horóscopo** chinês: rato, boi, tigre, coelho, dragão, serpente, cavalo, carneiro, macaco, galo, cão e porco.
>
> Outros calendários: chinês, islâmico e maia, da Revista Nova Escola. *Nova Escola.com*, 1º nov. 2009. Disponível em: <https://novaescola.org.br/conteudo/423/outros-calendarios-chines-islamico-e-maia>. Acesso em: 18 set. 2017.

horóscopo: posição dos astros no momento do nascimento de uma pessoa

O calendário e o horóscopo chinês estão relacionados. As pessoas que seguem esse horóscopo acreditam que cada ano é dominado por um animal, e que as pessoas que nascem no ano de determinado animal possuem suas características.

Ilustração que representa os animais que compõem o horóscopo chinês. Os ideogramas, que são sinais gráficos do idioma chinês, representam os nomes desses animais.

💬 **a.** Por que o calendário chinês é lunissolar?

💬 **b.** Além de lunissolar, que outra característica torna o calendário chinês diferente de outros que conhecemos?

Pratique e aprenda

1. O texto a seguir trata da organização do tempo. Leia-o e, depois, responda às questões.

> O tempo parece um labirinto: podemos passear nele em pensamento, rumo ao futuro, se dispomos de palavras para dar nome às durações (semana, mês...) e aos momentos. Senão, fica tudo vago. Graças ao calendário, somos capazes de datar os acontecimentos: "Eu nasci no dia tal do ano tal". Também podemos situá-lo em relação aos outros fatos: "Meu amigo nasceu um ano depois de mim". [...]
>
> Pequena história do tempo, de Sylvie Baussier. Tradução de Pauline Alphen. São Paulo: SM, 2005. p. 42 (Pequenas Histórias dos Homens).

a. Para que utilizamos palavras como semana, mês e ano? Assinale um **X** na alternativa correta.

( ) APENAS PARA FALAR DO PASSADO.

( ) APENAS PARA FALAR DO FUTURO.

( ) PARA NOS AJUDAR A ORGANIZAR O TEMPO.

b. O que o uso do calendário nos permite fazer? Assinale um **X** na alternativa correta.

( ) SABER QUE HORAS SÃO.

( ) DATAR OS ACONTECIMENTOS.

( ) CONHECER O FUTURO.

c. Além de semana e mês, que outras palavras podemos usar para nos referir às durações?

_____

Aprenda mais!

Saiba a hora e a data correta no Brasil e em qualquer lugar do mundo no *site Apolo11.com*. No *site*, também é possível acompanhar as regiões do planeta que são iluminadas pelo Sol, então você poderá saber se é manhã, tarde ou noite em diferentes lugares do mundo.

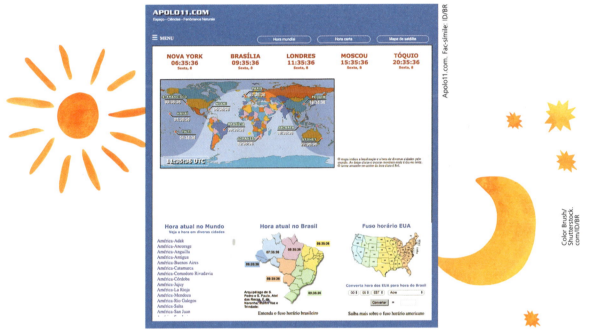

<www.apolo11.com/tictoc>.
Acesso em: 18 set. 2017.

O livro *Um dia desses...* conta a história de João, um menino que não sabia o que era uma semana.

Apesar de a mãe de João lhe explicar, ele só compreendeu o que era a semana quando começou a ir para a escola.

Após cinco dias de aulas na escola, João se divertia muito com seus amigos no sábado e no domingo, o chamado "fim de semana".

Um dia desses..., de Ana Maria Machado. São Paulo: Ática, 2001.

Fazendo história

Lúcia Tiemi Fukushigue

Lúcia Tiemi nasceu na cidade de Londrina, no Paraná, em 1958. O parto de sua mãe foi na casa da família, com a ajuda de uma **parteira**. Desde que nasceu, o corpo de Lúcia passou por várias mudanças. Observe a linha do tempo a seguir.

Lúcia com 4 meses de idade, em 1958.

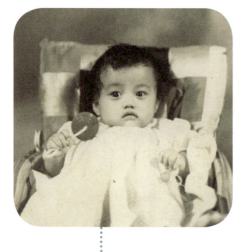

Lúcia com 10 anos de idade, em 1968.

1958 — 1968 — 1978

Lúcia com 5 anos de idade, em 1963.

Lúcia com 14 anos de idade, em 1972.

parteira: mulher que auxilia a gestante no momento do parto

Observar as mudanças que ocorrem no corpo e na aparência de uma pessoa com o passar dos anos também é uma maneira de percebermos a passagem do tempo.

Lúcia com 29 anos de idade, em 1987.

Lúcia com 40 anos de idade, em 1998.

Lúcia com 56 anos de idade, em 2014.

Lúcia com 34 anos de idade, em 1992.

- Cite algumas mudanças que ocorreram na aparência de Lúcia Tiemi entre os anos de 1958 e 2014.

Investigue e aprenda

Minha linha do tempo

A linha do tempo é uma maneira de organizarmos os acontecimentos importantes de nossa vida. Cada pessoa pode fazer a sua linha do tempo de diferentes maneiras.

Pense um pouco sobre alguns dos eventos importantes de sua vida e peça ajuda a seus familiares.

Procure descobrir as seguintes informações e anote-as em seu caderno.

- Em que dia você nasceu?
- Quando você começou a falar?
- Quando você começou a andar?
- Quando você foi à escola pela primeira vez?
- Que idade você tinha quando caiu seu primeiro dente?
- Houve algum passeio que foi importante para você?
- Quando você escreveu seu nome pela primeira vez?
- Que outros acontecimentos marcaram sua vida?

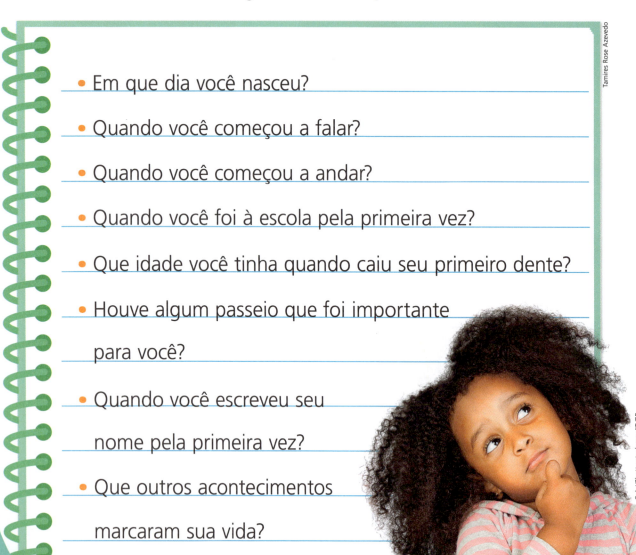

Agora você irá montar a sua linha do tempo. Utilize o modelo apresentado nas páginas **48** e **49** para começar e acompanhe as etapas a seguir.

1 Separe os materiais de que você vai precisar: uma cartolina e lápis de cor.

2 Desenhe na cartolina sua linha do tempo e vá preenchendo as linhas nos quadros ligados a ela com as informações resultantes de sua pesquisa.

3 Não esqueça de colocar cada acontecimento dentro do recorte que representa a idade em que ele ocorreu. Por exemplo, se você começou a ir à escola com 5 anos e 4 meses de idade, escreva sobre esse fato entre as idades de 5 e 6 anos.

4 Se você quiser, pode fazer desenhos para ilustrar e deixar sua linha do tempo mais bonita e interessante.

5 Depois de pronto, mostre em sala de aula o seu trabalho e converse sobre sua linha do tempo com seus colegas.

- Agora, responda às questões a seguir.

a. Sua linha do tempo contém os mesmos eventos que as de seus colegas? Quais?

b. Antes de fazer essa pesquisa, você se lembrava de todos esses eventos que estão em sua linha do tempo? Quais?

c. Além da ajuda dos familiares, de que outras maneiras podemos nos lembrar de acontecimentos da nossa vida?

Os nomes dos meses

O calendário que utilizamos atualmente sofreu várias mudanças ao longo do tempo. Ele foi feito com base em um calendário desenvolvido há mais de 2 mil anos, na época do Império Romano.

Uma das maneiras de perceber a influência romana no calendário que utilizamos atualmente é conhecendo a origem dos nomes dos meses.

Leia a seguir.

Janeiro: nome em homenagem a Jano, deus romano de dois rostos, um que olha para o futuro e outro para o passado. Era considerado o deus dos inícios e das escolhas.

Fevereiro: nome dedicado a Februus, deus da purificação adorado pelos etruscos, povo de quem os antigos romanos acreditavam ser descendentes.

Março: mês dedicado a Marte, deus romano da guerra. Para os guerreiros romanos, esse mês era considerado ideal para se dedicar a batalhas.

Estátua de mármore representando o deus romano Marte.

Veneza (Itália). Fotografia: ostill/Shutterstock.com/ID/BR

Abril: nome que, em latim, o idioma dos romanos, significa abrir. Esse nome faz referência ao desabrochar das flores, que ocorre nessa época do ano na Europa.

Maio: nome em homenagem à deusa romana Maia, que é relacionada às flores e às plantas.

Junho: mês em homenagem à deusa Juno, considerada protetora da família romana.

Julho: nome em homenagem a Júlio César, um governante romano.

Agosto: mês em homenagem a Augusto, primeiro imperador romano, que assumiu o governo depois de Júlio César.

Setembro, **outubro**, **novembro** e **dezembro**: nomes que fazem referência aos números sete, oito, nove e dez, respectivamente.

Estátua de mármore representando a deusa romana Juno.

Divirta-se e aprenda

Construindo uma agenda

Para não nos esquecermos dos compromissos importantes, podemos anotá-los em uma agenda. Que tal fazer uma agenda para anotar seus compromissos para o próximo mês? Vamos lá!

Para fazer a agenda você vai precisar de: 9 folhas de papel sulfite, canetas coloridas, lápis ou giz coloridos, grampeador e um calendário.

Etapas para fazer a agenda:

a. Dobre todas as folhas ao meio.

b. Com muito cuidado, grampeie a lateral das folhas onde elas foram dobradas.

c. Na primeira folha, faça uma capa e escreva nela o mês e o ano correspondente.

d. Com a ajuda do calendário, marque os dias do mês. Comece na segunda folha. Em cada página deve ser marcado o dia do mês e o dia da semana.

e. Se preferir, enfeite sua agenda com desenhos.

f. Anote seus compromissos para o próximo mês na agenda.

Está pronta! Mostre a agenda para seus colegas. Se gostar da ideia, faça uma agenda para os outros meses do ano.

Ilustrações: Imaginario Studio

> **Que curioso!**
>
> **Quantos dias tem o mês?**
>
> Você sabia que é possível lembrar quais meses têm 31 dias observando os ossinhos de nossas mãos?
>
> Para isso, feche as mãos e utilize seus ossinhos e os espaços entre eles para se referir a cada mês do ano, como na imagem abaixo.
>
> Os ossinhos dos dedos correspondem aos meses com 31 dias, já os espaços entre eles correspondem aos demais meses!

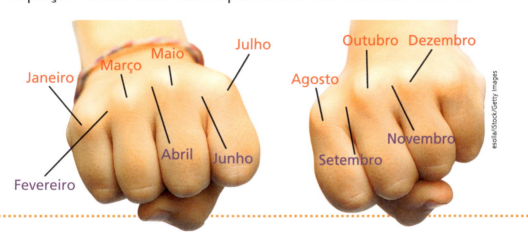

Pratique e aprenda

1. Quais meses foram nomeados em homenagem aos deuses e deusas em que os antigos romanos acreditavam?

   - ◯ JANEIRO.
   - ◯ FEVEREIRO.
   - ◯ MARÇO.
   - ◯ ABRIL.
   - ◯ MAIO.
   - ◯ JUNHO.
   - ◯ JULHO.
   - ◯ AGOSTO.
   - ◯ SETEMBRO.
   - ◯ OUTUBRO.
   - ◯ NOVEMBRO.
   - ◯ DEZEMBRO.

   • Quais são os nomes dos deuses homenageados?

   _____

   _____

2. Quais meses foram nomeados para homenagear pessoas?

- ⚪ JANEIRO.
- ⚪ FEVEREIRO.
- ⚪ MARÇO.
- ⚪ ABRIL.
- ⚪ MAIO.
- ⚪ JUNHO.
- ⚪ JULHO.
- ⚪ AGOSTO.
- ⚪ SETEMBRO.
- ⚪ OUTUBRO.
- ⚪ NOVEMBRO.
- ⚪ DEZEMBRO.

• Quem foram as pessoas homenageadas?

_____

_____

3. Quais meses têm nomes que se referem a números?

- ⚪ JANEIRO.
- ⚪ FEVEREIRO.
- ⚪ MARÇO.
- ⚪ ABRIL.
- ⚪ MAIO.
- ⚪ JUNHO.
- ⚪ JULHO.
- ⚪ AGOSTO.
- ⚪ SETEMBRO.
- ⚪ OUTUBRO.
- ⚪ NOVEMBRO.
- ⚪ DEZEMBRO.

4. Leia com atenção as situações a seguir.

A João está no 2º ano e tem aulas de segunda a sexta. Além disso, ele tem aulas de inglês às terças e quintas. Ele sabe que nesses dois dias da semana passará a maior parte do seu dia estudando.

B Renata adora o mês de julho, pois, além de ser o mês de seu aniversário, é quando acontecem as férias de inverno na escola onde estuda.

Que ferramentas de organização do tempo podem ajudar João e Renata em cada uma dessas situações?

Situação **A**: _____.

Situação **B**: _____.

Ponto de chegada

1. Escreva um pequeno texto com o seguinte título: "O tempo em minha vida".

2. Por que os seres humanos criaram maneiras de contar e organizar o tempo? Converse com os colegas.

3. O calendário que usamos atualmente teve como base um antigo calendário do Império Romano. Uma das maneiras de perceber isso é pela origem dos nomes dos meses. Com base nisso, faça um desenho em seu caderno que represente a origem do nome do mês em que você faz aniversário.

unidade 3

O ambiente em que vivemos

Moradia ribeirinha às margens do rio Amazonas, em Almeirim, Pará, 2017.

Ponto de partida

1. Que elementos da natureza aparecem na paisagem retratada?

2. Como o ambiente influenciou a maneira como a moradia retratada foi construída?

3. Como o ambiente onde você mora influencia a sua maneira de viver? Cite exemplos.

O que eu observo ao meu redor

Veja na história em quadrinhos a seguir como foi o dia de duas crianças do povo Kamaiurá, que vive no Parque Indígena do Xingu.

Um dia de coleta

💬 **1.** Você conhece os frutos que foram citados nessa história em quadrinhos? Quais?

💬 **2.** O que Mapulu e Amalé aprenderam nesse dia?

Com essa história em quadrinhos, podemos compreender alguns aspectos do modo de vida do povo Kamaiurá.

Os tipos de plantas e os animais que os personagens encontram no caminho, por exemplo, fazem parte do ambiente que os cerca.

3. Agora, faça um desenho representando a parte que você mais gostou da história.

Pratique e aprenda

1. Com base na história em quadrinhos das páginas **60** a **62**, realize as atividades a seguir.

   a. Marque um **X** na atividade realizada pelos personagens.

   ◯ Caça ◯ Pesca

   ◯ Coleta ◯ Agricultura

   b. Circule as frutas que foram coletadas pelos personagens.

Manga.

Laranja.

Mangaba.

Banana.

Melancia.

Pequi.

Ilustrações: Rogério C. Rocha

64 Sessenta e quatro

c. Como as crianças perceberam que os frutos estavam bons para a coleta? Comente com os colegas.

d. Durante a coleta, houve uma pausa para uma atividade muito comum entre os povos indígenas. Veja a ilustração.

- Escreva abaixo que atividade é essa. Depois, pinte o desenho.

_____

_____

Percebendo o ambiente de diferentes maneiras

As pessoas podem perceber o ambiente ao redor de maneira diferente umas das outras.

Por exemplo, é comum que pessoas cegas ou que enxergam muito pouco prestem mais atenção aos cheiros, aos sons ou à textura do que está ao seu redor. Acompanhe a situação a seguir.

Júlia ficou surpresa ao saber que a tia podia perceber tantas coisas sem enxergar.

💬 **1.** De que maneira a tia de Júlia percebe o ambiente ao seu redor?

💬 **2.** Você conhece uma pessoa com deficiência e que percebe o ambiente de maneira diferente? Comente com os colegas.

Por dentro do tema

Diversidade cultural

Pra cego ver

Muitas pessoas trabalham para promover a inclusão e a autonomia das pessoas cegas. Um exemplo disso, é o projeto *#PraCegoVer*, idealizado e realizado pela professora Patrícia Braille. Esse projeto promove a acessibilidade de pessoas cegas ao conteúdo da internet.

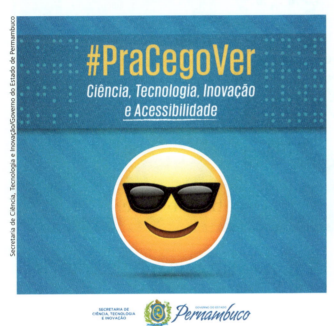

A professora Patrícia Braille começou o seu projeto fazendo audiodescrições de suas próprias imagens nas redes sociais. Hoje o #PraCegoVer se difundiu e é reconhecido em todo o Brasil com a *hashtag PraCegoVer*.

Imagem de divulgação do projeto produzida pelo governo do estado de Pernambuco, 2017.

Como funciona?

Muitos cegos utilizam programas de computador que transformam em voz tudo aquilo que está sendo mostrado na tela. Porém, se tiver alguma imagem, ela não será descrita pelo aplicativo. Para ser transformada em voz, ela precisa ser descrita em forma de texto. Dessa maneira os cegos conseguem ter acesso ao conteúdo da imagem.

Essas descrições são chamadas de audiodescrições, e elas são feitas para garantir o acesso dos cegos a diversos tipos de imagens, fotos, cartazes, filmes e peças de teatro, por exemplo, que são disponibilizadas na internet.

As audiodescrições são feitas de forma objetiva, com frases curtas, informando sobre os cenários, as cores, objetos, características físicas das pessoas, suas ações, entre outros.

Na página das redes sociais, a imagem acima é descrita da seguinte maneira:

"Descrição da imagem: ilustração mostrando a personagem Mary Poppins sorrindo entre nuvens branquinhas e céu azul-claro. Ela é retratada em traços mais infantis e fofinhos. Está com os cabelos castanhos presos em coque e chapéu-coco preto ornamentado com 3 flores brancas. Seu sobretudo preto deixa revelar a barra do vestido roxo. Seu cachecol tem listras laranjas e amarelas. Na mão esquerda segura um guarda-chuva aberto, cujo cabo tem formato de cabeça de papagaio. Na mão direita carrega uma malinha cor de uva. Suas luvas são roxas e as botas pretas."

Pra Cego Ver, de Patrícia Braille. 19 ago. 2016. Disponível em: <https://www.facebook.com/PraCegoVer/photos/a.418013574895825.99016.417990484898134/1236286666401841/?type=3&theater>. Acesso em: 10 out. 2017.

a. De que maneira o projeto #PraCegoVer promove acessibilidade na internet? Quem são as pessoas favorecidas?

b. Como podemos promover a inclusão e a acessibilidade de pessoas com deficiência na internet?

Pratique e aprenda

1. Observe atentamente a imagem a seguir.

Ilustração do personagem do livro *O Pequeno Príncipe*, de Antoine de Saint-Exupéry.

- Agora, produza uma audiodescrição dessa imagem.

_____
_____
_____
_____
_____
_____
_____

Identificando paisagens

Dependendo do lugar onde estamos ou vivemos, podemos observar um determinado tipo de paisagem. Observe a seguir exemplos de paisagens do campo e da cidade.

Foto da paisagem do campo do município de Rosário do Ivaí, Paraná, 2017.

Nas paisagens do campo, geralmente, podemos observar grandes espaços, com plantações, criação de animais, etc. De maneira geral, há grande presença de elementos da natureza.

Foto da paisagem da cidade de Salvador, Bahia, 2016.

Já nas cidades, há uma paisagem marcada por uma maior quantidade de construções, como casas, prédios, ruas, avenidas, além da circulação de pessoas e automóveis.

Pratique e aprenda

1. Observe as imagens a seguir. Marque **A** para elementos que pertencem à paisagem no campo e **B** para elementos que pertencem à paisagem da cidade.

Cuidando do ambiente

Como vimos nas páginas anteriores, as pessoas têm diferentes maneiras de se relacionar com o ambiente em que vivem: a maneira como se deslocam e retiram seu sustento, ou a maneira como percebem os elementos ao seu redor, por exemplo.

Seja no campo ou na cidade, a ação dos seres humanos interfere diretamente no ambiente. Veja os exemplos a seguir.

A

Criança desperdiçando água ao escovar os dentes.

B

Pessoa ajudando um animal ferido.

C

Pessoa sujando a rua.

D

Pessoa se deslocando de bicicleta.

1. Quais imagens apresentam situações que prejudicam o ambiente?

2. Quais imagens apresentam situações que ajudam a preservar o ambiente?

Nossas atitudes fazem muita diferença no dia a dia. As ações que realizamos podem prejudicar ou ajudar a conservar o ambiente em que vivemos.

Atualmente, os danos causados ao ambiente, como o desmatamento e a poluição do ar e dos rios, são problemas graves que prejudicam a qualidade de vida de milhões de pessoas.

Observe a seguir exemplos de pessoas ou grupos que se dedicam a preservar a natureza e a cuidar do ambiente em que vivemos.

A WWF-Brasil é uma organização brasileira que reúne pessoas dedicadas à conservação da natureza. Ela promove ações de conscientização ambiental, estuda e divulga formas de uso racional dos recursos naturais e maneiras de harmonizar as ações humanas com a conservação da natureza. Foto de projeto patrocinado pela WWF que reúne voluntários para retirar o lixo depositado nas praias da cidade do Rio de Janeiro, em 2017.

O Instituto Socioambiental (ISA) conta com vários colaboradores na conservação do ambiente e na valorização e conservação da cultura dos povos indígenas brasileiros. Foto de campanha favorável à conservação do ambiente promovida pelo ISA, na cidade de São Paulo, 2011.

O escritor e professor Daniel Munduruku produziu diversos livros sobre seu povo, os indígenas Munduruku. Muitos deles tratam da importância da conservação do ambiente e do respeito às culturas dos povos indígenas. Foto do escritor durante evento sobre literatura infantil realizado em Ribeirão Preto, São Paulo, 2012.

3. De que maneira a pessoa e os grupos apresentados nas fotos das páginas **73** e **74** contribuem para a conservação da natureza?

Pratique e aprenda

1. Você e sua família adotam hábitos que contribuem para a conservação do ambiente? Quais?

_____

_____

_____

2. Que outras atitudes podemos ter cotidianamente para ajudar na conservação do ambiente? Converse com os colegas.

3. Agora, desenhe uma das atitudes citadas na questão anterior.

Representando a paisagem ao redor

Nas pinturas a seguir, observe como os artistas representaram diferentes paisagens ao seu redor.

Periferia, de Cristiano Sidoti. Óleo sobre tela, 50 cm x 70 cm. 2005.

Convento de Santo Antônio e Largo da Carioca, de Helena Coelho. Óleo sobre tela, 60 cm x 80 cm. 2013.

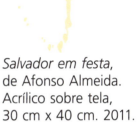

Salvador em festa, de Afonso Almeida. Acrílico sobre tela, 30 cm x 40 cm. 2011.

Tempo de emoções, de Henry Vitor. Óleo sobre tela, 40 cm x 50 cm. 2012.

1. Comente sobre o que existe em cada paisagem representada.

2. Do que você mais gostou nas pinturas? Converse com os colegas.

Aprenda mais!

No livro *O meio ambiente: por que não devemos jogar papel no chão*, Renato e Lilian aprendem com o vovô João a importância de preservar o meio ambiente e como podemos ajudar a tornar o mundo um lugar gostoso de viver!

O meio ambiente: por que não devemos jogar papel no chão, de Françoise Rastoin-Faugeron. São Paulo: Ática, 2006.

As pinturas apresentadas nas páginas **76** e **77** são classificadas como arte *naïf*. Ela é produzida com técnicas simples e espontâneas.

No *site* da galeria Jacques Ardies, você poderá conhecer várias pinturas da arte *naïf*.

A exposição *on-line* reúne cerca de trinta artistas e suas principais obras.

Acesse o *site* a seguir e faça uma visita virtual:

<www.ardies.com>
Acesso em: 7 out. 2017.

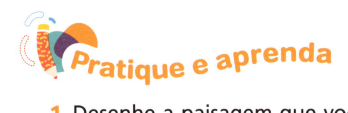

Pratique e aprenda

1. Desenhe a paisagem que você observa ao redor de sua moradia ou no caminho de sua casa até a escola.

[ ]

a. Quais elementos naturais você desenhou?

_____

_____

b. E quais elementos culturais, ou seja, que foram construídos pelos seres humanos, você desenhou?

_____

_____

c. Você acha que, para que os elementos culturais fossem construídos, houve a preocupação com a conservação da natureza? Por quê?

_____

_____

_____

As paisagens se transformam

Compare as fotos a seguir.

Ponte da Boa Vista, na cidade de Recife, estado de Pernambuco, em cartão-postal de cerca de 1920.

Ponte da Boa Vista em foto tirada por volta de 2000.

1. Após a comparação das fotos, realize as atividades a seguir.

a. Marque um **X** na alternativa que indica o que as fotos **A** e **B** retratam.

○ O mesmo lugar em diferentes épocas.

○ Lugares diferentes. As fotos foram tiradas na mesma época.

b. Cite algumas semelhanças entre as paisagens retratadas.

c. Cite também diferenças entre elas.

d. Em sua opinião, por que ocorreram essas mudanças?

Para fazer juntos!

Forme um grupo com dois colegas. Escolham um elemento do seu município que passou por mudanças ao longo do tempo, como praças ou prédios. Façam uma pesquisa sobre ele, buscando responder às seguintes questões:

1. Quais mudanças ocorreram nesse lugar?

2. Por que elas ocorreram?

A MINHA AVÓ CONTOU QUE A PRAÇA QUE FICA EM FRENTE À NOSSA CASA É UMA DAS MAIS ANTIGAS DA CIDADE.

Paisagem e História

O local onde vivemos pode ter muitos elementos históricos, como praças, igrejas e casas antigas. Observar esses elementos pode nos ajudar a conhecer melhor nossa história e a história do município.

Casario da Rua do Carmo na cidade de Salvador, Bahia, em 2013. Essas construções foram feitas por volta de 200 anos atrás.

Para que esses elementos continuem fazendo parte da paisagem da cidade, eles precisam ser preservados.

Uma maneira de preservar as construções mais antigas de um município é por meio do processo de restauração.

Observe as fotos.

Os arcos da Lapa, na cidade do Rio de Janeiro, em 2008.

Os arcos da Lapa, na cidade do Rio de Janeiro, em 2011.

2. Como estava a construção antes de ser restaurada?

3. Como ficou a construção após ser restaurada?

4. Na cidade onde você mora, existem construções antigas que precisam ser restauradas? Em caso afirmativo, diga onde ficam essas construções.

Pratique e aprenda

1. Observe as fotos a seguir. Elas retratam uma mesma avenida e a paisagem ao seu redor em diferentes épocas.

Vista aérea da Avenida Paulista, na cidade de São Paulo, em 2013.

Vista aérea da Avenida Paulista, na cidade de São Paulo, em 1970.

Vista aérea da Avenida Paulista, na cidade de São Paulo, por volta de 1940.

Foto da Avenida Paulista, na cidade de São Paulo, por volta de 1900.

- Enumere as imagens da mais antiga para a mais recente.

2. A foto abaixo foi recortada. Marque um **X** na imagem que representa o recorte que falta na foto para completá-la.

Vista da rua Maciel Pinheiro, em João Pessoa, estado da Paraíba, por volta de 1930.

Oitenta e cinco **85**

Divirta-se e aprenda

Preservar o ambiente

- Observe a imagem a seguir. Circule 4 atitudes que ajudam a conservar o ambiente.

Aprenda mais!

O vídeo *Pajerama* apresenta a história de um jovem indígena. Ao sair para caçar, ele passa por algumas experiências estranhas. Em seu caminho, ele encontra diversos elementos da cidade, que não fazem parte de seu ambiente natural.

Assista ao vídeo acessando o endereço a seguir:

<http://portacurtas.org.br/filme/?name=pajerama>
Acesso em: 7 out. 2017.

Ponto de chegada

1. Em seu caderno, escreva um pequeno texto que contenha os seguintes conceitos:
   - Conservação do ambiente
   - Atitudes

2. Cite uma maneira de ajudar a conservar o ambiente em que vivemos.

3. Por que é importante promover a inclusão e a acessibilidade de pessoas com deficiência na internet? Converse com os colegas.

4. Em sua opinião, por que devemos preservar os elementos históricos do município onde moramos? Converse com os colegas.

unidade

4 Sociedade e natureza

Pescadores na Reserva Extrativista Marinha do Delta do Parnaíba, em Araioses, Maranhão, 2010.

Ponto de partida

1. Descreva os elementos retratados na foto, destacando a paisagem e as pessoas.

2. Como você define "natureza"?

3. Os seres humanos fazem parte da natureza? De que maneira nos relacionamos com o meio ambiente ao nosso redor?

A sociedade em que vivemos

Os seres humanos não vivem sozinhos e isolados. Eles convivem com outros seres humanos, formando grupos ou sociedades.

Mas, além de se relacionarem entre si, os seres humanos se relacionam com os elementos da natureza. Essa relação pode ocorrer de diferentes maneiras.

Observe as fotos a seguir.

Pescador utilizando rede de pesca em Florianópolis, Santa Catarina, 2017.

Agricultor cultivando plantação em São Roque, São Paulo, 2017.

Pessoa coletando castanha-do-pará na Reserva de Desenvolvimento Sustentável do rio Iratapuru, em Laranjal do Jari, Amapá, 2017.

Horta e moradia flutuante, em Uarini, Amazonas, 2016.

1. Cite alguns elementos naturais que podem ser observados nas fotos.

2. Cite alguns elementos da natureza que você observa no seu dia a dia.

3. Como você se relaciona com esses elementos?

Noventa e um **91**

Os povos ribeirinhos e sua relação com a natureza

As populações tradicionais que vivem próximas às margens de um rio são conhecidas como povos ribeirinhos. O modo de vida desses povos tem uma ligação muito forte com a natureza e com os recursos naturais. Leia a história em quadrinhos a seguir.

Os povos ribeirinhos

Pratique e aprenda

1. Realize as atividades a seguir de acordo com a história em quadrinhos apresentada nas páginas anteriores.

a. Qual tipo de embarcação é mais utilizado pelos ribeirinhos? Marque um **X** na alternativa correta.

◯ Caiaque.

◯ Rabeta.

◯ Barco a vela.

b. Marque um **X** no principal produto coletado nas matas próximas à comunidade.

◯ Cacau.   ◯ Açaí.   ◯ Soja.

c. Marque um **X** na atividade econômica que é realizada nos rios.

◯ Agricultura.   ◯ Comércio.   ◯ Pesca.

d. Em que local os produtos desses ribeirinhos são comercializados?

_____

_____

e. Além de ser utilizados para o transporte e fornecer produtos e alimentos, cite outras atividades que podem ser realizadas nos rios.

_____

_____

Comunidades quilombolas

Os moradores de comunidades quilombolas, em geral, têm seu modo de vida profundamente relacionado com a natureza. Na região de Oriximiná, no estado do Pará, por exemplo, existem diversas comunidades quilombolas.

Leia os textos a seguir e observe as ilustrações para conhecer um pouco mais sobre essas comunidades.

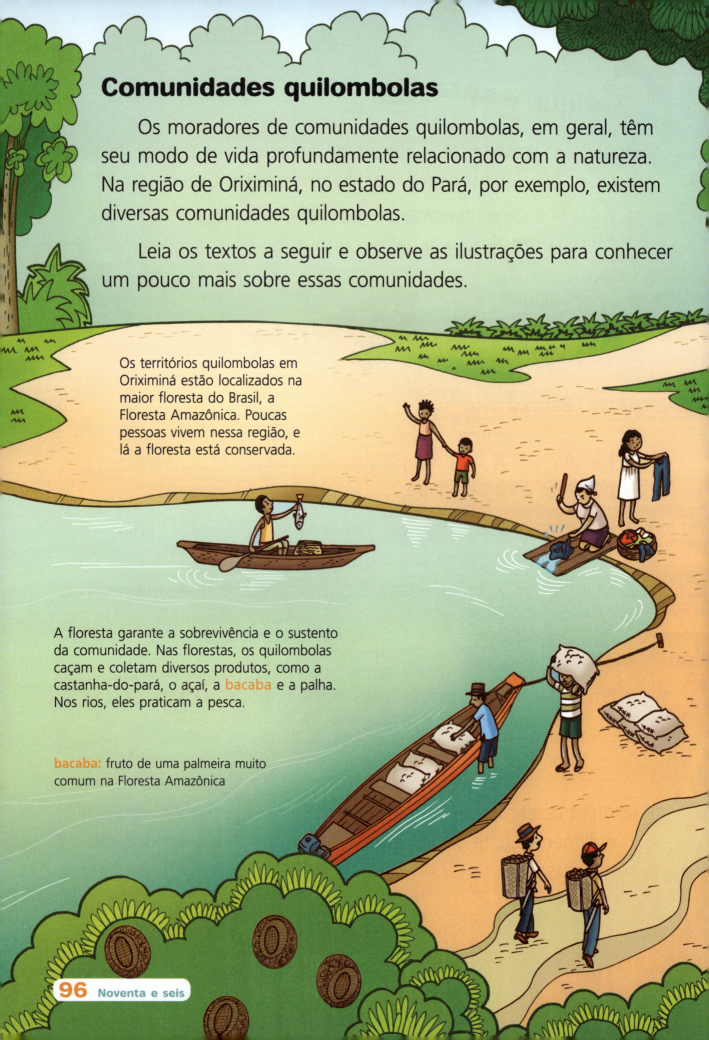

Os territórios quilombolas em Oriximiná estão localizados na maior floresta do Brasil, a Floresta Amazônica. Poucas pessoas vivem nessa região, e lá a floresta está conservada.

A floresta garante a sobrevivência e o sustento da comunidade. Nas florestas, os quilombolas caçam e coletam diversos produtos, como a castanha-do-pará, o açaí, a bacaba e a palha. Nos rios, eles praticam a pesca.

bacaba: fruto de uma palmeira muito comum na Floresta Amazônica

Os recursos são partilhados pelas famílias. Regras proíbem a venda da terra e a destruição das castanheiras.

Os produtos extraídos de seus territórios são utilizados de várias maneiras. Além de alimento, são usados para a construção de suas moradias, produção de utensílios e também no tratamento de doenças.

Como atividades de lazer, os quilombolas gostam de dançar, cantar e contar histórias nas rodas de conversa. As festas tradicionais são resultado de diversas influências, como a africana e a indígena.

Cada família tem seu roçado. Mas é comum a organização de puxiruns (mutirões), quando toda a comunidade se reúne para trabalhar em um roçado. Os principais produtos cultivados são a mandioca, o milho e a banana.

Aprenda mais!

No cotidiano e nas festas dos povos quilombolas da comunidade de Oriximiná, a dança e o canto estão sempre presentes.

Acesse o *site* a seguir e ouça algumas das canções compostas pelos quilombolas.

<www.quilombo.org.br/#!tradicoes-festas-e-lazer/c2qj>.
Acesso em: 25 set. 2017.

Pratique e aprenda

1. Realize as atividades a seguir sobre as comunidades quilombolas de Oriximiná.

   a. Descreva o território onde estão localizadas essas comunidades.

   _____

   b. Pinte os produtos de acordo com as legendas a seguir.

   🟢 Produtos extraídos da floresta pelos quilombolas.

   🔵 Produtos que os quilombolas cultivam em seus roçados.

   ☐ Castanha.   ☐ Milho.

   ☐ Banana.   ☐ Bacaba.

   ☐ Palha.   ☐ Mandioca.

   ☐ Açaí.

98 Noventa e oito

c. Quais são as atividades de lazer nessas comunidades?

_____
_____

d. Abaixo, escreva um pequeno texto sobre as comunidades quilombolas de Oriximiná. Seu texto deverá conter os seguintes termos.

> quilombola ▪ floresta ▪ recursos naturais

_____
_____
_____
_____
_____
_____

Para fazer juntos!

Junte-se a um colega de sala e conversem sobre as seguintes questões:

1. Vocês conhecem a castanha-do-pará?

Castanha-do-pará.

2. Esse produto é utilizado na alimentação de sua família no cotidiano? De que maneira?

Depois, pesquisem com seus familiares uma receita que utiliza a castanha-do-pará como ingrediente. Façam uma cópia dessa receita e comparem com as receitas dos colegas.

Por dentro do tema

Valorização do idoso

O povo Munduruku

Os Munduruku são um povo indígena que vive nos estados do Amazonas, do Pará e do Mato Grosso. Esse povo valoriza e demonstra grande respeito pelos idosos, pois muitos de seus costumes, tradições e valores são ensinados às crianças pelos membros mais velhos da aldeia.

Leia o texto a seguir.

Todos nós temos animais de estimação com os quais a gente brinca a toda hora: cachorro, papagaio, macaco, tucano, cutia...

A gente trata os animais como um parente nosso.

E é desse mesmo jeito que a gente cuida da natureza que nos rodeia. [...]

Nossos pais nos ensinam a fazer silêncio para ouvir os sons da natureza; [...]

Eles se sentam conosco no pátio da aldeia, à luz de uma fogueira, e aí...

...eles nos contam histórias...

...Histórias que falam de muito antigamente...

Nos falam de nossos primeiros pais...

nossos antepassados...

nossos ancestrais.

Essas histórias nos ensinam a amar a Terra, nossa Mãe.

É para ela, a Terra, que dançamos, cantamos, nos pintamos...

[...]

Kabá Darebu, de Daniel Munduruku. São Paulo: Brinque-Book, 2002. p. 13; 18-9.

- Como é a sua relação com as pessoas mais velhas da sua família? Assim como os Munduruku, você aprende com elas? Explique.

Pratique e aprenda

1. Realize as atividades a seguir com base no conteúdo das páginas **100** e **101**.

a. Circule os animais de estimação do povo Munduruku citados no texto. Depois, pinte os desenhos.

Tucano.

Papagaio.

Macaco.

Vaca.

Gato.

Cutia.

Cachorro.

Ilustrações: Gustavo Machado

b. De que maneira as crianças do povo Munduruku aprendem seus costumes e suas tradições?

_____

_____

_____

c. Do que tratam as histórias contadas às crianças Munduruku? Marque um **X** na alternativa correta.

◯ Das notícias que estão ocorrendo em outros povoados.

◯ Dos ancestrais do povo Munduruku e seu modo de vida.

d. O que as crianças Munduruku aprendem com as histórias?

_____

_____

2. Em sua opinião, por que é importante conservar a natureza? Escreva abaixo.

_____

_____

_____

_____

_____

Aprenda mais!

O livro *Juntos na aldeia* apresenta quatro pequenas histórias. Elas se passam em diferentes aldeias indígenas localizadas na região Norte do Brasil. Essas histórias trazem diversas informações sobre o modo de vida dos povos indígenas.

Juntos na aldeia, de Luis Donisete Benzi Grupione. São Paulo: Berlendis & Vertecchia, 1999.

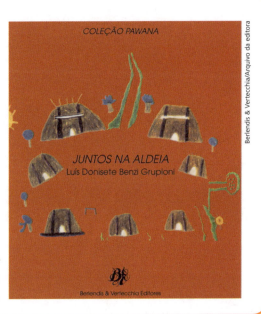

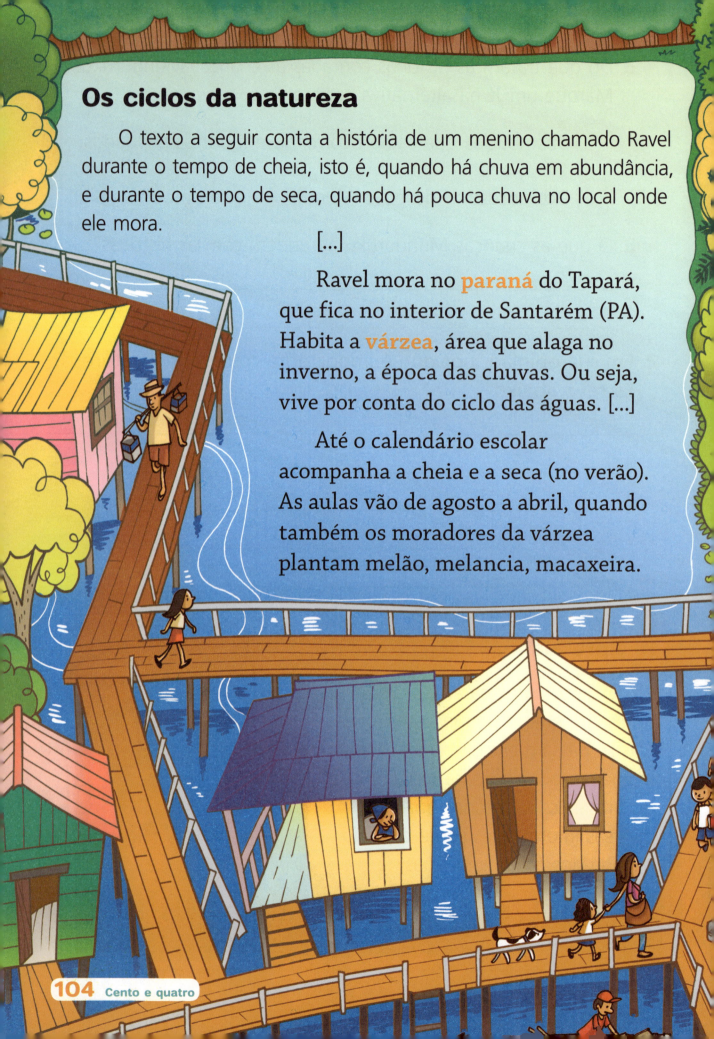

Os ciclos da natureza

O texto a seguir conta a história de um menino chamado Ravel durante o tempo de cheia, isto é, quando há chuva em abundância, e durante o tempo de seca, quando há pouca chuva no local onde ele mora.

[...]

Ravel mora no **paraná** do Tapará, que fica no interior de Santarém (PA). Habita a **várzea**, área que alaga no inverno, a época das chuvas. Ou seja, vive por conta do ciclo das águas. [...]

Até o calendário escolar acompanha a cheia e a seca (no verão). As aulas vão de agosto a abril, quando também os moradores da várzea plantam melão, melancia, macaxeira.

Depois chegam as férias, de maio a julho, justamente no inverno. É quando o [rio] Amazonas invade a casa dos ribeirinhos, que constroem marombas (passarelas de madeira sobre as águas). [...]

É por isso que, no verão, as crianças se juntam nos campinhos para jogar futebol ou pular macaca (amarelinha). Aproveitam o tempo de "pé no chão".

paraná: braço, desvio de um rio separado por ilhas
várzea: área localizada nas imediações de rios ou ribeirões

Na Amazônia, crianças ribeirinhas acompanham o ciclo da natureza, de Gabriela Romeu. *Folha de S.Paulo*, São Paulo, 2 out. 2010. Folhapress. Disponível em: <https://www1.folha.uol.com.br/folhinha/808067-na-amazonia-criancas-ribeirinhas-acompanham-o-ciclo-da-natureza.shtml>. Acesso em: 7 jul. 2018.

A passagem do tempo pode ser percebida pelos fenômenos da natureza. Esses fenômenos, como as chuvas ou a seca, costumam se repetir a cada ano, afetando diretamente a vida das pessoas.

- Os ciclos da natureza afetam a vida das pessoas que vivem na região onde você mora? De que maneira?

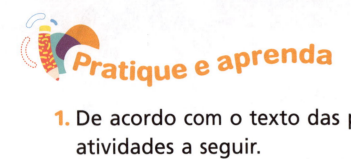

Pratique e aprenda

1. De acordo com o texto das páginas **104** e **105**, realize as atividades a seguir.

a. Onde mora Ravel? Marque um **X** na alternativa correta.

◯ Rio de Janeiro. ◯ Paraná do Tapará. ◯ Recife.

b. Marque um **X** na alternativa que indica a que ciclo estão associadas as atividades cotidianas de Ravel.

◯ Ciclo das águas. ◯ Ciclo dos ventos. ◯ Ciclo da Lua.

c. O que são marombas? Para que elas são utilizadas?

_____
_____
_____

d. Como é organizado o calendário da escola em que Ravel estuda?

_____
_____
_____

e. Que atividades a comunidade de Ravel realiza durante o verão, o tempo de "pé no chão"?

_____
_____
_____
_____

As quatro estações do ano

O tempo de um ano também é dividido em quatro estações diferentes, que marcam os ciclos da natureza: outono, inverno, primavera e verão.

De maneira geral, cada uma dessas estações possui uma característica.

- Outono: entre os meses de março a junho, os dias são mais curtos e frescos, pois antecede o inverno.
- Inverno: entre os meses de junho a setembro, é a estação mais fria do ano.
- Primavera: entre os meses de setembro e dezembro, quando os dias voltam a ficar mais longos e um pouco mais quentes. Nessa época, além dos animais, muitas plantas se reproduzem, tornando essa estação florida.
- Verão: entre os meses de dezembro a março, é a estação mais quente do ano. No Brasil, ela coincide com o fim de um ano e o início de outro.

Na época do verão, muitas pessoas saem de férias e aproveitam o calor para nadar e se divertir na praia. Foto de pessoas em Guarapari, Espírito Santo, 2016.

Fazendo história

Antonio Lucio Vivaldi

O músico e compositor Antonio Lucio Vivaldi nasceu no ano de 1678, na cidade de Veneza, na Itália.

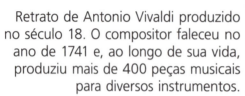

Retrato de Antonio Vivaldi produzido no século 18. O compositor faleceu no ano de 1741 e, ao longo de sua vida, produziu mais de 400 peças musicais para diversos instrumentos.

As quatro estações do ano europeu inspiraram Vivaldi a compor uma das suas obras mais conhecidas, chamada *As quatro estações*.

Feita para violino e orquestra no ano de 1793, essa obra é conhecida no mundo todo por sua importância na história da música, suas melodias e pela maneira como Vivaldi a construiu. A obra foi dividida em quatro concertos, cada um representando uma estação do ano. Cada concerto pode despertar no ouvinte sentimentos como alegria, tristeza, melancolia, entre outros.

Monumento em homenagem a Vivaldi, em Veneza, Itália, 2012.

Divirta-se e aprenda

Qual é a estação?

Como vimos, apesar de terem algumas características que as identificam, as estações do ano podem ser percebidas de diferentes maneiras. No Brasil, elas não são tão definidas como em outras regiões do mundo, como em países da Europa. Assim, em muitos lugares de nosso país, por exemplo, é comum termos dias quentes durante o inverno.

E você, de que maneira percebe as mudanças de estações no lugar onde mora? Desenhe nos espaços a seguir duas mudanças que você percebe ao longo do ano. Em seguida, troque os desenhos com um colega e tentem descobrir as estações que cada um representou.

Aprenda mais!

Se você quiser conhecer mais sobre músicas clássicas instrumentais como a de Vivaldi, é possível acessar a *Rádio Clássica*.

Essa rádio *on-line* disponibiliza uma programação 24 horas de músicas instrumentais de músicos e compositores de várias épocas.

Acesse o *site* a seguir e conheça um pouco mais.

<http://www.radioclassica.com.br>.
Acesso em: 26 set. 2017.

A reportagem *Infância Ribeirinha*, produzida pelo canal Nova Amazônia, mostra diversos aspectos do cotidiano de crianças. Você vai conhecer muitas das brincadeiras preferidas das crianças ribeirinhas, como subir em árvores, brincar com animais, fazer esculturas de barro, entre outros.

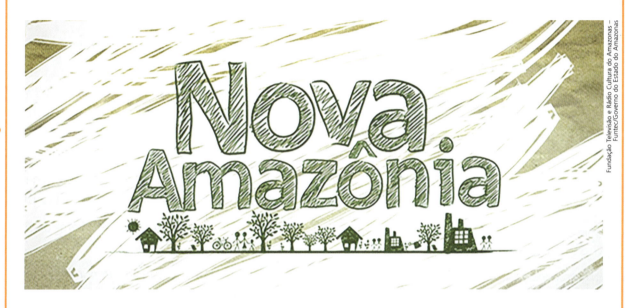

Acesse o *link* a seguir.

<https://www.youtube.com/watch?v=z4UuhwDSBXw>.
Acesso em: 26 set. 2017.

Ponto de chegada

1. O que você achou mais interessante sobre o modo de vida dos povos ribeirinhos? Por quê?

2. De que maneira as pessoas das comunidades quilombolas de Oriximiná se relacionam com a natureza?

3. Nessa unidade, estudamos como os indígenas Munduruku se relacionam com as pessoas mais velhas de sua comunidade. O que podemos fazer para também termos uma boa relação com os mais velhos? Converse com os colegas.

Bibliografia

BAUSSIER, Sylvie. *Pequena história do tempo*. Tradução de Pauline Alphen. São Paulo: SM, 2005. (Pequenas Histórias dos Homens).

BELINKY, Tatiana. *Ser criança*. São Paulo: Companhia das Letrinhas, 2013.

BOSCHI, Caio César. *Por que estudar História?* São Paulo: Ática, 2007.

BOSI, Ecléa. *Memória e sociedade*: lembranças de velhos. São Paulo: Companhia das Letras, 1994.

COLL, César; TEBEROSKY, Ana. *Aprendendo História e Geografia*: conteúdos essenciais para o Ensino Fundamental de 1ª a 4ª séries. São Paulo: Ática, 2000.

CUNHA, Manuela Carneiro da (Org.). *História dos índios no Brasil*. São Paulo: Companhia das Letras, 2002.

DEL PRIORE, Mary (Org.). *História das crianças no Brasil*. São Paulo: Contexto, 1999.

DIMENSTEIN, Gilberto. *O cidadão de papel*: a infância, a adolescência e os direitos humanos no Brasil. São Paulo: Ática, 2001.

FERREIRA, Antonio Celso; BEZERRA, Holien Gonçalves; DE LUCA, Tania Regina (Org.). *O historiador e seu tempo*: encontros com a história. São Paulo: Unesp/ANPUH, 2008.

FERREIRA, Marieta de Moraes; AMADO, Janaína (Org.). *Usos e abusos da história oral*. Rio de Janeiro: FGV, 2006.

GUIMARÃES, J. Gerardo M. *Folclore na escola*. São Paulo: Manole, 2002.

GUIMARÃES, Telma; BRAZ, Júlio Emílio. *Infância roubada*. São Paulo: FTD, 2000.

MACHADO, Ana Maria. *ABC do Brasil*. São Paulo: SM, 2008.

_____. *Um dia desses...* 3. ed. São Paulo: Ática, 2001. (Barquinho de Papel).

MEIHY, José Carlos Sebe Bom. *História oral*: como fazer, como pensar. São Paulo: Contexto, 2007.

MEIRELLES, Renata. *Giramundo e outros brinquedos e brincadeiras dos meninos do Brasil*. São Paulo: Terceiro Nome, 2007.

MUNANGA, Kabengele; GOMES, Nilma Lino. *O negro no Brasil de hoje*. São Paulo: Global, 2006. (Coleção Para Entender).

MUNDURUKU, Daniel. *Coisas de índio*: Versão Infantil. São Paulo: Callis, 2003.

PREZIA, Benedito; HOORNAERT, Eduardo. *Brasil indígena*: 500 anos de resistência. São Paulo: FTD, 2000.

RICE, Chris; RICE, Melanie. *As crianças na História*: modos de vida em diferentes épocas e lugares. Tradução de Mario Vilela. São Paulo: Ática, 1999.

ROCA, Núria. *Família*. Tradução de Irami B. Silva. São Paulo: Ibep, 2011. (Carambola).

SANTA ROSA, Nereide Schilaro. *Brinquedos e brincadeiras*. São Paulo: Moderna, 2001.

SILVA, Kalina Vanderlei; SILVA, Maciel Henrique. *Dicionário de conceitos históricos*. São Paulo: Contexto, 2006.

SILVA, Isabel de Oliveira; SILVA, Ana Paula Soares; MARTINS, Aracy Alves (Org.). *Infâncias do campo*. Belo Horizonte: Autêntica, 2013. (Caminhos da Educação do Campo).

SOUZA, Marina de Mello e. *África e Brasil africano*. São Paulo: Ática, 2006.

TAVARES, Regina Márcia Moura (Coord.). *Brinquedos e brincadeiras*: patrimônio cultural da humanidade. Campinas: CCA/PUC-Camp, 1994.

VON, Cristina. *A história do brinquedo*. São Paulo: Alegro, 2001.

ZAKZUK, Maísa. *A árvore da família*. São Paulo: Panda Books, 2007.